RENDA BÁSICA E ECONOMIA SOLIDÁRIA: o exemplo de Maricá

Dados Internacionais de Catalogação na Publicação (CIP)
(Câmara Brasileira do Livro, SP, Brasil)

Renda básica e economia solidária : o exemplo de Maricá / Fabio Waltenberg, Paul Katz, (orgs.). -- 1. ed. -- São Paulo : Cortez, 2023. -- (Coleção renda básica em debate ; 2)

Vários autores.
Bibliografia.
ISBN 978-65-5555-430-4

1. Política social - Brasil 2. Políticas públicas - Maricá (RJ) 3. Programas de sustentação de renda - Brasil 4. Renda - Distribuição - Brasil I. Waltenberg, Fabio. II. Katz, Paul.

23-172232 CDD-362.582098153

Índices para catálogo sistemático:

1. Maricá : Rio de Janeiro : Renda de cidadania : Bem-estar social 362.582098153

Cibele Maria Dias - Bibliotecária - CRB-8/9427

Fabio Waltenberg
Paul Katz
(Orgs.)

RENDA BÁSICA E ECONOMIA SOLIDÁRIA: o exemplo de Maricá

RENDA BÁSICA em DEBATE

VOLUME 2

CORTEZ EDITORA

RENDA BÁSICA E ECONOMIA SOLIDÁRIA: o exemplo de Maricá
Fabio Waltenberg
Paul Katz (Orgs.)

Direção Editorial: Miriam Cortez
Coordenação editorial: Danilo A. Q. Morales
Assistente editorial: Gabriela Orlando Zeppone
Preparação de originais: Ana Paula Luccisano
Revisão: Márcia Leme
Tuca Dantas
Diagramação: Linea Editora
Capa: Maurelio Barbosa

Direitos para esta edição
CORTEZ EDITORA
R. Monte Alegre, 1074 – Perdizes
05014-001 – São Paulo-SP
Tel.: +55 11 3864 0111
editorial@cortezeditora.com.br
www.cortezeditora.com.br

Impresso no Brasil – novembro de 2023

Sumário

PARTE II

PARTE III

Apresentação da Coleção

A longa batalha pela Renda Básica é parte de uma força viva em prol da dignidade humana. Aqueles e aquelas que sonham com o reconhecimento igualitário da cidadania e o direito à liberdade encontram na luta pela participação na riqueza de forma universal e incondicional um desafio com o qual não se pode deixar de sonhar. Ao mesmo tempo, a tradição tem sido de persistência para abrir caminhos que levem ao aperfeiçoamento das mais diversas formas de ação do Estado e da sociedade em prol de maior proteção social e ampliação de oportunidades até que se alcance a Renda Básica.

O Brasil tem dado enorme contribuição para o desenvolvimento dessas ideias e desses objetivos, e não apenas em função da Lei Federal n.10.835, de 2004, que institui a Renda Básica de Cidadania. Essa lei, resultante do trabalho incansável de Eduardo Suplicy, demonstra todos os dias que o esforço por sua efetiva implementação estava apenas começando quando o Presidente Lula realizou sua sanção, a primeira do tipo no mundo. De lá para cá, o Bolsa Família, compreendido por muitos como um possível caminho para se alcançar a Renda Básica, cresceu e se consolidou como um dos mais importantes programas de transferência de renda do mundo. O programa foi brevemente encerrado em um período sombrio da democracia brasileira, mas retomado na sequência com a inclusão explícita em sua lei de que se trata da primeira etapa para se alcançar a Renda Básica de Cidadania.

Esse fato não se deu de forma natural. O entusiasmo pela Renda Básica é crescente em todo o planeta, inclusive em razão das transformações no mundo do trabalho. Mais e mais, pesquisas de rigor acadêmico têm demonstrado as suas vantagens e possibilidades de implementação. A Rede Brasileira de Renda Básica (RBRB), formalizada como associação civil em 2019, tem promovido estudos, incidência sobre órgãos públicos nos Poderes Executivo, Legislativo e Judiciário, controle social por meio de sua participação no Conselho Nacional de Assistência Social, eventos e encontros de ativistas que desejam se somar a essa luta.

Durante a pandemia de covid-19, a RBRB construiu, em conjunto com outras organizações, uma campanha que foi determinante para garantir que o Auxílio Emergencial fosse uma medida potente no enfrentamento aos problemas econômicos, inclusive em sua fase de implementação, que foi monitorada de perto por nós, permitindo o aperfeiçoamento do programa que levou à elegibilidade de milhões de novas famílias como beneficiárias. As parcerias se estenderam, por exemplo, a uma colaboração formal com a Defensoria Pública da União, que, dentre outros objetivos, alcançou a determinação de que a Lei n. 10.835/2004 devesse ser regulamentada, o que mais tarde impactou o Novo Bolsa Família.

O próprio Programa Social de Governo Bolsa Família (PBF), tal como implementado em 2023, recebeu indicações da RBRB que foram discutidas com parceiros, como a Fundação Tide Setúbal, a respeito da instituição e incorporação do Benefício Universal Infantil, a fim de corrigir o tratamento desigual a crianças e adolescentes praticado pelo Estado brasileiro, e garantir o reconhecimento do direito à renda como forma de garantia do pleno desenvolvimento de crianças e adolescentes de 0 a 18 anos. Decorreu daí a inclusão no PBF, para além do benefício família, de outro benefício de R$ 150,00, proposto para crianças de 0 a 6 anos, e um complemento de R$ 50,00 para crianças e adolescentes de 7 a 18 anos. É importante salientar que o Auxílio Brasil, do governo antecedente, introduziu o benefício único por família.

A Coleção Renda Básica em Debate é gentilmente editada pela Cortez Editora. Pode-se dizer que a Cortez é a casa de inúmeros autores dedicados ao tema, e sua escolha torna-se mais que natural para publicar produções da RBRB. A coleção torna-se possível também em razão da parceria da RBRB com a *Open Society Foundations*, provedora de recursos para o desenvolvimento de atividades de nossa rede.

Esperamos que os leitores possam apreciar todos os livros da coleção, que abrangem diversos campos de conhecimento, como economia, direito, filosofia, serviço social, gestão pública e outros.

Saudações incondicionais!

Leandro Ferreira
Presidente da RBRB

Introdução

Renda básica de cidadania na economia solidária de Maricá

A ideia de organizar este livro surgiu da necessidade de registrar em um único volume, em linguagem acessível e em tamanho enxuto, a ambiciosa experiência que são as políticas públicas que vêm sendo implementadas em Maricá, cidade de cerca de 200 mil habitantes localizada na Região Metropolitana do Rio de Janeiro. Há quase quatro anos, em colaboração com pesquisadores da Universidade Federal Fluminense, de Niterói, e do Jain Family Institute, de Nova York, nós, os dois organizadores, temos trabalhado no estudo dessas políticas. Entendemos ser fundamental que elas sejam mais conhecidas e discutidas por um público tão amplo quanto possível.

Para nós, é um privilégio poder organizar este volume que integrará a coleção que a Cortez

Editora publicará inteiramente dedicada à temática da *renda básica de cidadania*. É uma bem-vinda coincidência que o livro seja publicado em 2023, exatos dez anos depois do início do ciclo de políticas públicas inovadoras de Maricá que o leitor conhecerá melhor nesta obra.

Embora este livro inaugure uma coleção dedicada à renda básica, é importante destacar que o que vem se desenvolvendo em Maricá pode ser compreendido como muito mais do que uma política de transferência de renda. Afirmamos isso por duas razões. Em primeiro lugar, porque não se trata de uma medida única, introduzida de forma isolada. A política de renda básica de Maricá integra um conjunto amplo de políticas de economia solidária, incluindo ônibus e bicicletas gratuitos, além de contas de poupança para alunos da rede municipal de educação. Esse conjunto de políticas representa uma tentativa de mudar estruturalmente a situação de uma cidade-dormitório, convertendo um influxo de recursos absolutamente excepcional, no seu volume descomunal e por não ser perene — receitas petrolíferas provenientes do campo de Tupi — em uma estratégia de desenvolvimento local amplamente baseada na inclusão econômica e política das pessoas mais vulneráveis. Políticas essas que nunca pararam de ser modificadas, adaptadas, talhadas às necessidades de cada momento — como ficou claro, por exemplo, durante a pandemia de covid-19, assunto retratado ao longo desta coletânea. É acelerado o batimento do coração e incessante a capacidade de processamento do cérebro desse organismo vivo idealizador e implementador de políticas públicas que é a Prefeitura de Maricá.

A segunda razão pela qual a experiência de Maricá merece nossa atenção, bem como a de estudiosos e ativistas de políticas sociais no Brasil e no mundo, é que a principal iniciativa desse conjunto de políticas — chamada de renda básica de cidadania — aproxima-se de uma "renda básica universal", o termo mais usado internacionalmente para definir uma modalidade bem particular de transferência de renda. Concretamente, cumpre os seguintes requisitos: (i) o pagamento é regular: é mensal e em valor predeterminado e fixo; (ii) é feito em dinheiro: em uma moeda de circulação municipal; (iii) o valor é único e concedido individualmente, com algumas ressalvas que comentaremos a seguir; (iv) o beneficiário não precisa oferecer contrapartidas nem cumprir condicionalidades; (v) o montante é acumulável com outros rendimentos de qualquer natureza; (vi) seu valor é razoável para os padrões nacionais: o equivalente a 200 reais por pessoa (anualizado, representa cerca de 6% do PIB *per capita* brasileiro). Nesse sentido, é muito mais abrangente e ousada do que qualquer outra política correlata em território nacional, quiçá no mundo todo — talvez rivalizando apenas com o dividendo pago anualmente a todo cidadão alasquiano pelo Fundo Permanente do Alasca, nos Estados Unidos.

O programa renda básica de cidadania não cumpre dois requisitos estabelecidos na literatura especializada para denotar uma renda básica universal. O principal é não ser universal nem apontar claramente para uma universalização no curto prazo. Além disso, preserva traços de políticas convencionais de transferência de renda, como uma individualização incompleta — o número de benefícios concedidos segue, sim, um critério *per capita*, porém a elegibilidade é determinada segundo o rendimento familiar (visto que passa pelo registro no Cadastro Único) e os benefícios são distribuídos, de fato, na forma de cartões familiares e não individuais. O espírito que norteia os proponentes da renda básica universal mundo afora e no Brasil — especialmente por ação da Rede Brasileira de Renda Básica — ainda não parece estar plenamente incorporado no pensar e no agir de formuladores e implementadores de políticas públicas em Maricá nem no cidadão comum maricaense, algo que pudemos observar em outras pesquisas e que será mostrado em capítulos desta obra. De qualquer forma, se não chega a ser a política dos sonhos dos proponentes da renda básica universal, a renda básica de cidadania de Maricá é a que mais se aproxima dela.

O livro se organiza em três pares de capítulos. O primeiro par, que podemos chamar de

"Programa 'Renda Básica de Cidadania' e políticas de economia solidária: do que se trata?", dedica-se apresentar as políticas e o contexto em que foram formuladas e introduzidas. O segundo par, que denominamos "O que os maricaenses pensam das políticas de economia solidária?", dedica-se a investigar a visão de alguns dos principais atores locais sobre as políticas que nós, pesquisadores, julgamos ser tão inovadoras e promissoras. O terceiro par, intitulado "Quais são os impactos econômicos e políticos das políticas de economia solidária?", procura trazer avaliações preliminares de efeitos concretos mensuráveis das políticas. São essas as três perguntas às quais o livro tenta trazer elementos de respostas.

Um dos aspectos mais interessantes do livro é a interdisciplinaridade do conjunto dos autores e a diversidade de métodos aplicados nos diferentes capítulos. Ao longo da coletânea, o leitor navegará entre o qualitativo e o quantitativo, entre o descritivo e o inferencial, entre o factual e o ensaístico. Não se trata de acaso, mas de uma opção deliberada dos organizadores. Privilegiamos "métodos mistos" em sentido amplo, não apenas por ser essa a tendência contemporânea nas pesquisas consideradas de ponta, mas também porque genuinamente acreditamos que, para avançar as fronteiras do conhecimento, é fundamental a confrontação de diversas formas de apreender determinada realidade ou fenômeno. Trata-se da mesma orientação adotada na pesquisa de avaliação do programa renda básica de cidadania de Maricá que estamos conduzindo com equipes da Universidade Federal Fluminense (UFF) e do Jain Family Institute, com a intenção explícita de construir um ambiente interdisciplinar de pesquisas em torno dela.

Parte I — Programa "Renda Básica de Cidadania" e políticas de economia solidária: do que se trata?

Os dois primeiros capítulos apresentam o "ecossistema de economia solidária e da moeda mumbuca" desde um ponto de vista acadêmico, através das lentes de pesquisadores da economia solidária e da renda básica de cidadania. Com a leitura dos dois capítulos, o leitor poderá travar contato de forma didática e direta com o conjunto de políticas inovadoras que se tornaram realidade em Maricá ao longo dos últimos dez anos, cujo carro-chefe é o programa renda básica de cidadania.

No capítulo 1, o gestor público Leandro Ferreira e o historiador Paul Katz procuram resgatar a origem das políticas maricaenses e destacam uma liderança política, uma instituição de origem comunitária e duas tradições de economia política. As influências intelectuais centrais são as de

Paul Singer, o patrono da economia solidária no Brasil, e do senador Eduardo Suplicy, incansável proponente da renda básica em território nacional. A instituição de origem comunitária é o Banco Palmas, que, na periferia de Fortaleza (CE), em um modelo de gestão coletiva, criou uma moeda local própria, iniciativa que seria adotada em Maricá. A liderança política é o deputado federal Washington Quaquá, que assumiu a prefeitura de Maricá em 2013, antes que ela ganhasse na loteria do pré-sal os abundantes recursos que viriam a abastecer o orçamento municipal nos anos seguintes. Mesmo diante de um orçamento público diminuto, tomou a iniciativa de formular e teve a coragem de implementar medidas que se tornariam as vitrines de Maricá alguns anos mais tarde, muitas das quais já pelas mãos de seu sucessor, o prefeito Fabiano Horta.

No capítulo 2, os economistas Andrea Gama, Roberta Costa, Jéssica Maldonado e Fernando Freitas nos ajudam a entender melhor o sistema interconectado de transferência de renda, microcrédito, banco comunitário e dinamização da economia local. O que garante a liga entre todos esses elementos é a moeda social, que é digital desde 2015, chamada *mumbuca*. O texto explora e quantifica a importância dos recursos mobilizados pela prefeitura e pelo banco comunitário na forma da moeda social nas mãos de maricaenses vulneráveis. Cidadãos que, na ausência da renda básica, teriam acesso a um nível de consumo bastante restrito, mas que, com ela, tornam-se agentes de um permanente aquecimento da economia local, sobretudo por meio da demanda de itens de primeira necessidade. Os autores também destacam a importância do uso da moeda pelos próprios comerciantes que a recebem e, com grande frequência, não convertem para real o montante recebido, alongando assim o ciclo da mumbuca. Por fim, ressaltam a importância do microcrédito com aval solidário como elemento intensificador da penetração e da circulação da moeda no território.

Parte II — O que os maricaenses pensam das políticas de economia solidária?

Os dois capítulos seguintes adotam outro olhar: procuram compreender quais são as visões e as percepções de alguns dos principais atores diretamente envolvidos com o conjunto de políticas da cidade.

No capítulo 3, o desafio da jornalista Denise Neumann e do economista Danilo Pitarello Rodrigues é desvendar a visão de formuladores e implementadores da política no seu nível mais elevado: a partir do próprio governo municipal. Por meio de diferentes metodologias de análise de textos publicados no portal da Prefeitura, os autores concluem que houve importantes modificações de conteúdo e forma nas mensagens oficiais veiculadas. No primeiro momento, o conjunto de referências se aproxima da economia solidária de Paul Singer, dos bancos comunitários de Joaquim Melo, de moeda social em uma acepção mais compatível com políticas convencionais de combate à pobreza, na linha do programa Bolsa Família. No segundo momento, as referências deslocam-se para a temática e o léxico da renda básica, da cidadania, dos direitos, do campo semântico mobilizado pelo senador Eduardo Suplicy. Nesse segundo momento, as políticas de Maricá já são conhecidas nacional e internacionalmente, de modo que a Prefeitura não precisa mais dedicar tanta energia a explicar e justificar suas escolhas, mas passa a vender a ideia de que agora são as políticas de Maricá que servem de modelo para outras localidades.

Os autores também identificam novos elementos, como a crescente importância atribuída a questões de desenvolvimento econômico e de fomento a atividades produtivas, para além da proteção social *per se*. Talvez esteja aí o embrião de novas prioridades que serão dadas às políticas na cidade. A impressão que fica, contudo, não é que uma política tenha sobrepujado as demais, mas, sim, que se acomodam harmonicamente uma ao lado da outra nesse município que nunca para de reformar suas políticas, desde que a primeira faísca se acendeu em 2013.

No capítulo 4, preparado pelos economistas Jéssica Maldonado e Fernando Freitas, é hora de focar o que os próprios munícipes pensam. Sem que isso tivesse sido deliberadamente planejado, a análise incidiu sobre 2020, talvez o ano mais rico com respeito a políticas de transferências de renda em Maricá, no Brasil e no mundo, em razão de um dos eventos mais tristes e devastadores dos últimos anos, a pandemia de covid-19. Por meio do método de "análise de valência", os autores distinguem comentários positivos e negativos feitos pela população na rede social Facebook ao longo do primeiro semestre daquele ano. A seguir, os autores destacam como as críticas ao programa de renda básica de cidadania se modificaram ao longo do ano, sendo março o divisor de águas, justamente o mês em que a pandemia se instalou de vez no Brasil e as medidas emergenciais começaram a ser tomadas nas diferentes instâncias de governo e, em particular e com destaque, pela Prefeitura de Maricá.

Antes da pandemia, as críticas reclamavam uma suposta abrangência excessiva do programa, crítica que subitamente muda de sinal e passa a denunciar o contrário, a cobertura insuficiente. As críticas identificadas dialogam perfeitamente com debates clássicos da literatura nacional e internacional sobre política social, por exemplo, no embate entre defensores de focalização e proponentes de universalização.

Ao final da leitura dos quatro primeiros capítulos, o leitor já terá condições de avaliar as diferenças e as semelhanças entre as visões de mundo idealizadas por intelectuais como Singer e Suplicy; suas traduções e adaptações para o mundo real através de lideranças políticas como Quaquá e Horta; a forma pela qual são disseminadas por meio de canais de comunicação oficiais; e, por fim, de que maneira são apreendidas, interpretadas e criticadas pela população.

Parte III – Quais são os impactos econômicos e políticos das políticas de economia solidária?

Os dois capítulos finais do livro trazem outro tipo de desafio: o de identificar e mensurar impactos concretos do conjunto de políticas implementadas na cidade. O capítulo 5 procura explorar uma questão-chave no debate, especialmente entre economistas, acerca dos programas de garantia de renda: eles expandem ou inibem o nível de emprego? O capítulo 6 se debruça sobre uma questão de ordem política e democrática: o programa de renda básica de cidadania favorece o comparecimento eleitoral?

Sabe-se que identificar de forma crível o efeito causal de qualquer intervenção pública não é trivial. Fazê-lo em Maricá é ainda mais desafiador, tendo em vista a miríade de modificações sofrida pela cidade — a começar pelo próprio influxo volumoso, súbito e crescente de receitas petrolíferas — e o enorme rol de políticas implementadas, sequencial ou simultaneamente, ao longo de uma década. Em um laboratório, teríamos duas cidades idênticas, "aplicaríamos" determinada política — como se fosse um reagente — em somente uma das cidades e observaríamos os resultados. No mundo real, isso é impossível, de modo que é preciso aliar capacidade técnica e criatividade — uma combinação chamada de econometria pelos economistas! — para conseguir obter algo aparentado a um experimento controlado de laboratório.

No capítulo 5, os economistas João Paulo Lima e Valéria Pero se valem da técnica chamada "controle sintético", que consiste em criar uma cidade fictícia, tão parecida quanto possível com Maricá no período anterior às intervenções em tela. Essa "Maricá sintética" é composta de um conjunto de municípios fluminenses que, ao serem ponderados, aproximam-se da Maricá real. Ao comparar a evolução do emprego formal entre a Maricá real e a Maricá sintética, os autores concluem que a Maricá real teve um desempenho bastante superior. Os efeitos geradores de emprego desencadeados pela renda básica de cidadania teriam, portanto, superado os possíveis efeitos inibidores do emprego.

No capítulo 6, o cientista político Victor Araújo testa a hipótese de que o programa de renda básica de cidadania proporciona aos indivíduos a oportunidade de investir seu tempo e suas habilidades em atividades de cunho político, culminando com um maior comparecimento às eleições. O horizonte temporal desse capítulo é o mais longo entre todos, abrangendo as eleições realizadas entre 1998 e 2020. Diferentemente do capítulo 5, em que se busca comparação para uma única unidade tratada, Maricá, no capítulo 6 as comparações são feitas entre as 300 seções eleitorais localizadas em Maricá com as mais de 31 mil localizadas em outros municípios fluminenses.

A comparação de uma grande quantidade de unidades abre espaço para que se use a técnica de "diferenças em diferenças", prima-irmã do controle sintético. Compara-se o comparecimento eleitoral médio nas seções eleitorais de Maricá com o observado em outros municípios antes e depois da implementação da renda básica de cidadania. Um pré-requisito para que a metodologia tenha validade é que, antes da implementação, as trajetórias das taxas de comparecimento em Maricá e nas demais localidades de comparação apresentassem um padrão estável, o que se verifica. Após a implementação da política, porém, Maricá claramente se descola dos demais municípios, seja nas eleições municipais, seja nas eleições gerais:

os maricaenses comparecem mais às eleições que seus concidadãos fluminenses.

Os resultados de ambos os capítulos resistem a uma bateria de testes de robustez que incluem "efeitos placebos", o emprego de variáveis de controle e a restrição de amostras a grupos de comparação mais específicos. Sem perder de vista a dificuldade, já comentada, de identificar os efeitos causais de uma intervenção pública, sobretudo em um contexto como o de Maricá, é preciso admitir que os resultados dos dois capítulos que fecham a coletânea apontam para efeitos significativos da política de renda básica de cidadania.

* * *

Os seis capítulos que compõem esta coletânea oferecem um panorama geral do que são as políticas de economia solidária de Maricá, com destaque para o carro-chefe, a renda básica de cidadania; permitem compreender como essas políticas são vistas por atores relevantes; e expõem alguns dos seus efeitos econômicos e políticos. Esperamos que o leitor se sinta tão entusiasmado e tão desafiado como nós ficamos ao ler estes capítulos.

A máquina de formular e reformular políticas públicas da autodenominada Cidade das Utopias nunca para. No exato momento em que escrevemos este texto, sabemos que novas políticas estão sendo gestadas e outras estão sendo introduzidas. Maricá tornou-se um laboratório de construção de um novo esquema de desenvolvimento baseado na inclusão econômica e política de toda a sua população. Os resultados dessa estratégia têm impactos não apenas na cidade, mas também no estado do Rio de Janeiro — como atestam os diversos municípios fluminenses que já estão adaptando as políticas maricaenses, com inúmeras moedas locais em circulação —, igualmente no Brasil e no mundo. É preciso muita massa crítica para conhecer, observar, analisar, compreender e criticar o que ocorre em Maricá. Esperamos que este volume funcione como um convite para que mais cidadãos, do Brasil e do mundo, juntem-se a nós no esforço de estudar as políticas públicas maricaenses.

Paul Katz e *Fabio Waltenberg*

Nova York e Niterói, outubro de 2023.

PARTE I

Programa "Renda Básica de Cidadania" e políticas de economia solidária: do que se trata?

1

Economia solidária na prática[1]

Leandro Ferreira
Paul Katz

Enquanto o presidente Jair Bolsonaro negava a gravidade da crise de saúde pública em andamento, um município da Região Metropolitana do Rio de Janeiro implementou políticas notáveis e eficazes de enfrentamento à pandemia de covid-19. Em Maricá, uma cidade de pouco mais de 200 mil habitantes, cerca de 42 mil moradores de baixa renda — que já recebiam

1. Tradução e atualização de: What a Solidarity Economy Looks Like, *Boston Review*, 9 abr. 2020. Disponível em: https://bostonreview.net/articles/paul-katz-leandro-ferreria-brazil-basic-income-marica/. Acesso em: 15 ago. 2023. Tradução feita por Roberta Costa, Fernando Freitas e Jessica Lago da Silva.

R$ 130,00 por mês, como parte da renda básica municipal — passaram a receber R$ 300,00 por mês, o equivalente naquele momento a 169% da linha de pobreza do programa Bolsa Família, até dezembro de 2021. O abono de final de ano foi adiantado para tornar o pagamento de abril de 2020 um valor ainda maior, chegando a R$ 430,00 por pessoa. Também foram distribuídas cestas básicas para famílias com crianças matriculadas em escolas públicas, e renda adicional foi oferecida a pequenas empresas e trabalhadores informais. Os valores envolvidos não são altos, mas, para dezenas de milhares de moradores de Maricá, representaram a diferença entre a catástrofe e a possibilidade de superar a crise.

Esse conjunto de iniciativas representa a resposta mais ambiciosa no âmbito municipal à covid-19 no Brasil e uma das mais notáveis do mundo. Que tudo isso tenha acontecido em uma pequena cidade nos arredores da capital fluminense pode surpreender quem não está familiarizado com a recente história política da região. Para quem conhece a autodesignada "Cidade das Utopias", no entanto, não há nada de incomum na velocidade ou no alcance da resposta de Maricá ao coronavírus. Único município do estado do Rio de Janeiro governado pelo Partido dos Trabalhadores (PT), Maricá se beneficiou notavelmente de uma sorte geológica na última década: sua localização próxima ao Campo de Tupi, o campo de petróleo mais produtivo do Brasil.

Porém, diferentemente de muitos outros municípios com grandes receitas oriundas de recursos naturais, a prefeitura usou seu dinheiro para se destacar como o principal inovador municipal do Brasil, direcionando seu orçamento para um conjunto notável de políticas sociais progressistas. Além do programa de renda básica, que possui mais de 42 mil beneficiários, as iniciativas incluem contas de poupança para estudantes do ensino público, transporte público gratuito, investimentos maciços em infraestrutura e um fundo soberano para garantir rendimentos para financiar programas sociais no futuro.

No centro dessas políticas está uma moeda digital local chamada mumbuca. Todos os benefícios sociais em Maricá são pagos em mumbucas, assim como parte da remuneração dos funcionários da prefeitura. A moeda é totalmente lastreada em reais mantidos em reserva pelo Banco Mumbuca, o maior banco comunitário do Brasil, financiado pelo orçamento da cidade de Maricá. A moeda é aceita exclusivamente no município e quase universalmente pelo comércio em Maricá. Os estabelecimentos comerciais pagam taxas de 2% sobre as transações em mumbuca, recebendo diretamente na moeda que conta com muitos usuários. Os 2% vão direto para o banco, onde são usados para financiar empréstimos sem juros para empreendedores e proprietários locais. A mumbuca, em outras palavras, não é apenas um meio para inclusão financeira, mas também um caminho para transformar Maricá de uma cidade-dormitório em um dinâmico polo regional de desenvolvimento, empregos e lazer.

A transformação em Maricá está enraizada em duas políticas brasileiras que foram aprimoradas ao longo do último meio século: Renda Básica de Cidadania e Economia Solidária. O Brasil é, desde 2004, o único país do mundo a ter uma lei assegurando o direito de todos os cidadãos a uma renda básica. As restrições fiscais limitam a aplicação da lei aos cidadãos mais necessitados do país em sua primeira etapa. Nesse cenário, o Bolsa Família é considerado por ativistas do tema o primeiro passo para sua realização, o qual ajudou dezenas de milhões a escapar da pobreza. O segundo pilar, a Economia Solidária, foi desenvolvido sob a forma de cooperativismo local e com a maior rede mundial de bancos comunitários regulados pelo Estado.

Essa história ajuda a explicar por que, mesmo que Bolsonaro incentivasse os brasileiros a ignorar as diretrizes de distanciamento social das autoridades estaduais e municipais, os defensores da renda básica conseguiram pressionar o Congresso a aprovar um pacote oferecendo R$ 600,00 por mês para trabalhadores do setor informal e desempregados, e R$ 1.200,00 para mães solteiras por alguns meses no momento mais agudo da pandemia. E nos permite ver Maricá como uma lição objetiva sobre o poder das estruturas políticas permanentes para oferecer respostas rápidas de emergência, no momento em que tantas cidades do mundo lutavam para conseguir implementar políticas semelhantes.

As propostas de Renda Básica no Brasil começaram na década de 1970, época em que especialistas em políticas públicas buscavam revigorar os Estados de bem-estar social questionados em muitas partes do mundo. Experimentos com imposto de renda negativo nos Estados Unidos e a iniciativa de Renda Básica (*Mincome*) em Manitoba, Canadá, apontavam para maneiras mais justas de distribuir a renda. Segundo Fernando Freitas (2019), cuja tese de mestrado sobre a história da Renda Básica no Brasil é a melhor fonte sobre o tema, o economista Antonio Maria da Silveira fez a primeira proposta formal no país em 1975, no final do primeiro milagre econômico brasileiro, um período de crescimento econômico acima dos 10% ao ano e repressão brutal pela ditadura militar do país, apoiada pelos Estados Unidos. Silveira apontou que os ganhos desse período eram distribuídos de maneira desigual: a maioria dos trabalhadores havia visto sua renda real declinar, e uma renda básica para todos os brasileiros parecia oferecer um meio de combater o aumento da pobreza e, simultaneamente, alimentar o crescimento contínuo almejado pela ditadura e pelos seus oponentes.

A ideia chamou a atenção de Eduardo Suplicy, um dos fundadores do Partido dos Trabalhadores, que teve contato com ela pela primeira vez durante seu doutorado em Economia na Universidade do Estado de Michigan, nos Estados Unidos, no início dos anos 1970. Quando, em 1990, Suplicy se tornou o primeiro candidato do PT eleito para o Senado brasileiro, ele usou seu mandato para promover a renda mínima e, posteriormente, a renda básica. Meses depois de assumir o cargo, ele apresentou a primeira versão do que acabaria se tornando central para o desenvolvimento de programas como o Bolsa Família, e, na sequência, a primeira lei nacional do mundo a garantir a todos os cidadãos o direito a uma renda básica, começando pelos mais necessitados. O projeto de lei de Suplicy implicava uma mudança radical da proteção social brasileira que, desde a presidência do corporativista Getúlio Vargas, em meados da década de 1950, concentrava-se apenas nos trabalhadores brasileiros empregados no setor formal. A política que Suplicy propôs, em contraste, seria universal, beneficiando todos os brasileiros, considerando apenas sua condição de cidadania ou residência permanente.

O projeto de lei de Suplicy de 1991 não se tornou realidade, mas foi o presságio do movimento político que caracterizaria a década de 1990 brasileira. O país havia deixado para trás duas décadas de ditadura e promulgou uma Constituição notavelmente progressista em 1988, novas correntes sociais e intelectuais estavam articuladas e propondo melhorias. Esses eram feitos não apenas de políticos ligados ao PT e a outros partidos formais, mas também a movimentos sociais que buscavam diferentes formas de empreendimentos, por exemplo, com cooperativas.

A tentativa de democratizar a economia por meio de formas coletivas de produção não é uma novidade no mundo, nem exclusiva do Brasil. As iniciativas inauguradas por Robert Owen no século XIX deram origem às cooperativas, a primeira formulação do que agora é chamado de economia solidária. As formas específicas assumidas no Brasil foram influenciadas pelas ideias do economista austro-brasileiro, professor da Universidade de São Paulo e petista, Paul Singer, falecido em 2018. A necessidade de prover sustento para uma grande parcela de trabalhadores excluídos do mercado de trabalho tradicional fez com que, no Brasil, a economia solidária crescesse para abranger as atividades de produção, distribuição, consumo, poupança e crédito que, de outra forma, não incluiriam esses trabalhadores.

Os meios encontrados para isso foram os agrupamentos informais de produção, a gestão coletiva de empresas que não sobreviveram às sucessivas crises dos países em desenvolvimento, a união de agricultores familiares com vista ao melhor posicionamento possível no mercado, a autogestão comunitária de finanças e até a inclusão produtiva de portadores de distúrbios de saúde mental. Em comum estavam a gestão coletiva das atividades, a partilha dos ganhos e a promoção de boas condições de trabalho para todos.

De maneira geral, cada uma dessas iniciativas teve origem na auto-organização da sociedade civil, juntas reformularam as práticas de movimentos sociais, sindicatos e associações de bairro. Em tempos de queda do muro de Berlim e derrocada do socialismo soviético, a economia solidária tornou-se parte da ideologia de partidos e movimentos de esquerda da periferia do capitalismo. O suporte de sucessivos governos, desde pequenos municípios até seu apogeu durante o governo de Lula, fortaleceu o alcance das práticas de economia solidária e diversificou seus mecanismos de atuação.

Talvez o melhor exemplo desse fenômeno esteja justamente no Banco Comunitário. No fim dos anos 1990, os moradores de uma comunidade pobre da cidade de Fortaleza organizaram uma associação comunitária e criaram um banco que provia pequenos empréstimos para estimular o crescimento de negócios locais, gerar emprego e desenvolvimento. Inspirados nas ideias de Singer e na teologia de libertação, líderes comunitários fundaram um banco nos mesmos moldes do Grameen Bank de Bangladesh do ganhador do Prêmio Nobel da Paz, Muhammad Yunus. A iniciativa, logo após denominada Banco Palmas, cresceu rapidamente. Por meio de sua prática de gestão coletiva, o banco criou sua própria moeda local, a Palma, para assegurar que os recursos compartilhados pelos moradores permanecessem na comunidade. A moeda social provou-se um enorme sucesso, inclusive porque estava lastreada na moeda oficial do país e, assim, oferecia significativa segurança para negócios locais.

As autoridades federais rapidamente tentaram impedir sua circulação. Sua regulação ocorreu apenas no Governo de Lula por meio do Banco Central e da Secretaria Nacional de Economia Solidária, ocupada por Paul Singer, um longevo batalhador unanimemente reconhecido por todos os atores da economia solidária do país. É dele o mérito pela profunda formulação teórica sobre a economia solidária no Brasil, muitas vezes colocada de lado no debate público. Hoje o Banco Palmas — juntamente ao Instituto E-Dinheiro, organização da sociedade civil de interesse público que dele surgiu — dirige uma rede de mais de cem bancos comunitários e moedas sociais, a mais extensa do mundo.

Conforme os bancos comunitários cresciam no final dos anos 1990 e início dos anos 2000, as políticas sociais começavam a mudar. Em 1997, um novo programa federal buscou subsidiar iniciativas de renda mínima locais, e um número crescente de autoridades estatais e municipais, valendo-se disso, começaram a transferir dinheiro para pais cujos filhos frequentassem a escola. Em 2001, a medida foi ampliada com garantias federais para apoiar esses programas por completo. Enxergando a oportunidade, Suplicy reintroduziu sua proposta de Renda Básica naquele ano. Três anos depois, Lula assinou uma versão modificada da lei. A medida garante aos cidadãos brasileiros e residentes permanentes o direito a uma renda mensal sem restrições, começando com os mais necessitados e sendo expandida, de acordo com os limites da disponibilidade orçamentária.

Um dia após a aprovação da lei de Suplicy, Lula assinou o primeiro passo para uma garantia de renda, o famoso Bolsa Família, programa de transferência condicionada de renda baseado no Bolsa Escola, bem como em iniciativas locais similares. Implementado em uma escala bem maior que a dos programas sociais federais anteriores, o Bolsa Família se mostrou extraordinariamente eficaz, reduzindo o número de brasileiros que vivem abaixo da linha da pobreza internacional do Banco Mundial de 9,7% para 2,7% em sua primeira década. Nos anos recentes, o programa, assim como a rede bancária comunitária do país, sobreviveu ao golpe de 2016 contra a sucessora de Lula, Dilma Rousseff, e à ascensão da extrema direita radical no Brasil, que tratou o Bolsa Família como um grande pivô de suas críticas. Não há estudo de caso mais impressionante do que o de Bolsonaro, que, claramente, detestava o programa e cortou mais beneficiários do que qualquer governo anterior, mas também adicionou um décimo terceiro pagamento no final do primeiro ano de governo, um benefício padrão do setor formal, e avolumou o quanto pôde o programa às vésperas das eleições presidenciais de 2022. Embora cada vez mais precário e com falhas graves de desenho quando se tornou Auxílio Brasil — nome adotado por Bolsonaro para desassociar o legado do programa de figuras do PT —, o Bolsa Família não foi extinto, assim como as moedas sociais se multiplicaram, mostrando a crescente importância dessas políticas desde o início dos anos 2000.

Após uma expedição realizada à costa brasileira em 1503, o navegador Américo Vespúcio retornou à Europa e, em seus registros de viagem, descreveu um conjunto de ilhas paradisíacas que o levaram a declarar que "o paraíso é aqui". No Brasil, é comum que se diga que esse relato de Vespúcio é sobre o arquipélago de Fernando de Noronha, parque nacional marinho e área de proteção ambiental de acesso controlado, o que teria inspirado Thomas More na descrição de *Utopia*, publicada em 1516.

Enquanto as ilhas de Vespúcio estão a mais de 2 mil quilômetros de distância do Rio, Maricá se aproxima da obra de Thomas More graças à recorrente referência à *Utopia* como o marco inicial de debates econômicos e filosóficos que resultam nas propostas de Renda Básica ao redor do mundo.

O conjunto de iniciativas tomadas no município, incluindo a Renda Básica, fez com que a cidade reivindicasse para si o título de Cidade das Utopias. É fato que as receitas extraordinárias do petróleo possibilitaram uma visão ousada do futuro da cidade. Mas é também verdade que outros municípios do país agraciados com novas receitas de petróleo, inclusive no próprio estado do Rio de Janeiro, não foram capazes de formular e implementar um projeto que modificasse o curso natural de exploração predatória de recursos naturais e suas externalidades negativas.

Tudo isso está diretamente conectado à trajetória pessoal do deputado federal Washington Quaquá, o primeiro prefeito eleito pelo PT para governar Maricá. Um líder político carismático com trajetória arrojada mesmo para os padrões latino-americanos de movimentos de esquerda, Quaquá tem origem nas favelas. Eleito em 2008 e reeleito quatro anos depois, o governo de Quaquá coincidiu com um momento econômico favorável, período conhecido como o "segundo milagre brasileiro". Ele aproveitou a oportunidade para avançar uma visão de transformação política baseada em uma mistura única de coletivismo, luta de classes e pragmatismo. Sua abordagem foi fortemente influenciada por Paul Singer e Eduardo Suplicy, com a renda básica, os bancos comunitários e uma dramática reforma de infraestrutura no núcleo de seu programa de transformação.

Para que o experimento social transformador de Quaquá tivesse êxito, a concepção popular de Maricá como um lugar pobre, inóspito e pouco atraente à sombra da Cidade Maravilhosa teria de mudar. Poucos estavam tão interessados nessa situação quanto o monopólio de ônibus responsável pelo transporte de moradores entre Maricá e Rio de Janeiro. Como cidades periféricas como Maricá normalmente têm pouca ou nenhuma geração de riqueza, empreiteiros em coleta de lixo, distribuição de alimentos e transporte geralmente oferecem às elites locais a oportunidade de obter lucros extraordinários. Mirando diretamente esse sistema, em 2014, Quaquá instituiu uma rede de ônibus públicos gratuitos dentro da cidade. A medida chamou a atenção nacional para a cidade, enfurecendo as elites locais e recebendo elogios dos moradores, que dependem de transporte público para atravessar um vasto município de 362 mil quilômetros quadrados.

Quaquá dedicou-se a consolidar seu projeto através da eleição de seu sucessor quatro anos depois. Foi durante o mandato de Fabiano Horta, também do PT, que as políticas lançadas por Quaquá atingiram sua maior escala. Especialmente no caso do programa de renda básica da cidade, um carro-chefe global. Lançado em 2013, o programa, a princípio, oferecia pagamentos de

70 mumbucas a famílias listadas no Cadastro Único (registro unificado de famílias que vivem em situação vulnerável no país). Com a expansão do programa de renda básica, os pagamentos mensais aumentaram para 130 mumbucas, e foram oferecidos benefícios adicionais a estudantes e residentes indígenas. Em junho de 2019, cerca de 14 mil famílias de baixa renda estavam recebendo o benefício.

Naquele mês, Horta supervisionou a maior expansão do programa até o momento: o pagamento de 130 mumbucas, anunciou a prefeitura, agora seria feito para indivíduos, não para famílias. Para receber o benefício, os indivíduos precisavam estar registrados no Cadastro Único, pertencer a famílias que ganhassem menos de três salários mínimos e morar em Maricá por, pelo menos, três anos. Após um esforço coordenado no final de 2019, o número de beneficiários aumentou para mais de 42 mil maricaenses. A partir desse momento, cada um dos beneficiários começou a receber uma quantia equivalente a R$ 1.560,00 por ano, ou 4,5% do PIB *per capita* do Brasil.[2] No total, o programa começou a injetar R$ 5,5 milhões na economia local a cada mês, os quais deveriam ser gastos na cidade de Maricá.

---

2. Para referência, o valor do dividendo anual pago pelo mais próximo de um programa de renda mínima nos Estados Unidos, o Alaska Permanent Fund, varia de 1,5% a 3% do PIB *per capita* do Alasca.

Para garantir que esses investimentos sobrevivessem à renda do petróleo de Maricá, no final de 2017 a cidade lançou um fundo soberano, que já atingiu um valor total de R$ 1,2 bilhão em janeiro de 2023. O fundo oferece uma plataforma para que a cidade possa entrar no mercado financeiro em condições favoráveis, o que lhe permitirá obter recursos da ordem de vários bilhões de reais na próxima década. À medida que cresce, a receita desse fundo permitirá à cidade reduzir os custos de capital para projetos críticos de desenvolvimento, garantindo, ao mesmo tempo, a perpetuidade dos principais programas sociais.

A resposta à crise da covid-19 teve um impacto determinante nos processos políticos em todo o mundo. Isso é duplamente verdade no Brasil, onde as medidas antecipadas de Maricá contra o vírus, anunciadas antes de um único caso ser registrado na cidade, foram diretamente opostas à negação e à crueldade do governo federal de Bolsonaro. Além de minimizar a gravidade da covid-19 e insistir no abandono do distanciamento social em prol da economia, o Governo Federal também foi tímido diante das crescentes demandas de proteção social por parte da população. Essa hesitação motivou a formação de uma coalizão nacional de organizações da sociedade civil, que pressionaram o Congresso por uma renda básica nos moldes de Maricá, com sucesso.

Conforme as oportunidades de resposta a emergências abertas pela aceitação de Maricá à renda básica e à economia solidária revelam, políticas desenvolvidas no presente podem abrir ou fechar o espaço disponível para os formuladores de políticas por décadas. A experiência de Maricá, durante os momentos mais agudos da pandemia e também ao longo da última década, reforça quão importante é garantirmos que as políticas públicas contribuam, não para o individualismo e para a ganância, mas para o aprofundamento da cooperação e da solidariedade. A derrota de Bolsonaro e a revigoração de ideias progressistas na América Latina deixam o caminho aberto para implantar, na prática, o outro mundo possível de que a economia solidária faz parte.

Referência

FREITAS, Fernando. *Renda Básica de Cidadania*: análise comparada da literatura do Brasil, Estados Unidos e Holanda. 2019. Dissertação (Mestrado em Políticas Públicas, Estratégias e Desenvolvimento) — Universidade Federal do Rio de Janeiro, Rio de Janeiro, 2019.

2

O papel da moeda mumbuca e do Banco Mumbuca na Economia Solidária em Maricá*

Andrea Gama, Roberta Costa,
Jéssica Maldonado e Fernando Freitas

O ecossistema da mumbuca

O Programa de Economia Solidária do município de Maricá busca combater a pobreza e a desigualdade e estimular o desenvolvimento da cidade. O banco comunitário de Maricá e a moeda social mumbuca

* Pela colaboração fundamental, os autores agradecem Anna Isabela Fernandes, Iago Mendes e Luiz Sette.

desempenham papel fundamental no desenho do programa. Este capítulo discute o funcionamento do Banco Mumbuca, sua política de microcrédito, o uso da moeda mumbuca e sua circulação e consolidação na economia maricaense.

O "ecossistema da mumbuca" é um conjunto de interações diretamente relacionadas e mediadas pela moeda social mumbuca. É necessário explorá-lo, a fim de compreender com clareza o funcionamento do banco e a moeda mumbuca em Maricá. Veremos os detalhes das interações e das instituições envolvidas mais à frente. Antes, é preciso falar do Programa de Economia Solidária de Maricá.

Esse programa foi criado pela Prefeitura em 2013, através da Lei Municipal n. 2.448 (Maricá, 2013). Como foi abordado no capítulo anterior, Maricá enfrenta problemas estruturais, como baixa produção local e dificuldade na geração de empregos formais, exacerbados pela peculiaridade de o município ser uma cidade-dormitório: os postos de trabalho dos seus moradores estão, usualmente, situados em cidades vizinhas, e parte da renda gerada por eles não permanece em seu território. Nesse contexto, o programa surge como uma forma de estimular o desenvolvimento da cidade, por meio da produção local, e combater a pobreza e a desigualdade através de transferências de renda (Pereira *et al.*, 2020). A Lei n. 2.448 é um marco legislativo por criar os objetos de interesse deste capítulo, o Banco Mumbuca — banco comunitário de desenvolvimento —, e a moeda mumbuca — moeda digital e social, de valor equivalente ao real, válida somente no território de Maricá —, no âmbito do Programa de Economia Solidária.

O Banco Mumbuca é uma organização social sem fins lucrativos, voltada para estimular a economia solidária municipal, auxiliando na coordenação de programas sociais de transferência de renda, através da intermediação entre a Prefeitura e os beneficiários. O banco atende a todo o município, não se restringindo a um determinado bairro ou localidade, portanto, é um banco comunitário municipal que tem apoio da Prefeitura na sua gestão, organização e financiamento (Pereira *et al.*, 2020).

Entre as responsabilidades do Banco Mumbuca estão: a emissão da moeda mumbuca e a concessão de microcrédito em moeda social. A emissão da moeda social procede majoritariamente do pagamento dos benefícios sociais da cidade denominados em mumbuca. A Prefeitura deposita o valor dos benefícios, a Secretaria de Economia Solidária informa a relação dos beneficiários e o banco faz o repasse dos pagamentos. Já o microcrédito é concedido a partir dos recursos arrecadados pelo banco (Gama; Costa, 2021). Assim, a instituição segue uma lógica diferente dos bancos comerciais tradicionais, considerando que não depende do público para liberação de recursos necessários e não há criação de moeda, visto que o banco não realiza empréstimos com base em depósitos realizados.

Parte fundamental do ecossistema é o uso da moeda mumbuca. Desde que foi criada em 2013 e até o ano de 2017, o uso da moeda era restrito aos beneficiários de programas sociais de transferência de renda e sua aceitação não era tão ampla, limitada principalmente a estabelecimentos do ramo alimentício e farmácias. Até então, o valor em mumbucas recebido pelos comerciantes que aceitavam a moeda era automaticamente convertido em reais, o que limitava a circulação da moeda. A mumbuca passa a ter maior circulação a partir de 2018, quando a conversão automática de mumbuca para real é extinta. Hoje, a mumbuca pode ser reutilizada pelos comerciantes e os habitantes podem abrir contas correntes, estimulando os negócios maricaenses e expandindo a circulação da moeda (Gama; Costa, 2021). Isso, somado ao aumento no número de beneficiários e programas sociais pagos em mumbuca, resulta na consolidação da moeda social em Maricá, à medida que mais residentes têm acesso à moeda e mais estabelecimentos aceitam pagamento na moeda social.

O banco e a moeda mumbuca possuem, portanto, papel fundamental para os programas sociais de Maricá, gerando um ecossistema que conecta órgãos do governo municipal, o banco comunitário, comerciantes, beneficiários e não beneficiários. Ao passo que milhares de maricaenses são beneficiados com programas de transferência de renda e concessão de crédito em mumbuca, com a consolidação da moeda, espera-se um impacto positivo sobre o desenvolvimento da economia local.

O uso da mumbuca na economia maricaense

Entre 2018 e 2020, o programa Renda Básica de Cidadania (RBC) e o Programa de Amparo ao Trabalhador (PAT) foram os dois principais programas de transferência de renda pagos em mumbuca pela Prefeitura de Maricá. Criada em 2019 com a fusão de outros programas de transferências do município, a RBC atualmente beneficia mais de 42 mil indivíduos por meio de uma transferência de renda individual e incondicional criada pela Lei n. 2.869/2019 (Maricá, 2019). Para serem elegíveis ao benefício, os indivíduos precisam morar em Maricá há pelo menos três anos e ter registro no Cadastro Único (Pereira *et al.*, 2020). Inicialmente, o valor do benefício era de 130 mumbucas mensais. Entre abril de 2020 e dezembro de 2021, foi ampliado para 300 mumbucas como parte das medidas tomadas pela Prefeitura em resposta à crise causada pela pandemia da covid-19. Em maio de 2022, o valor foi reajustado para 200 mumbucas (Prefeitura de Maricá, c2022).

O pacote de medidas em resposta à crise também incluiu a criação do Programa de Amparo ao Trabalhador (PAT). O programa beneficiou trabalhadores autônomos, microempreendedores e trabalhadores informais com o pagamento mensal de um salário mínimo em mumbucas. Para ser elegível, o indivíduo precisava morar em Maricá, ter renda familiar mensal de até 5 mil reais e comprovar que suas atividades profissionais haviam sido afetadas pela pandemia (Auxílio, 2020). O pagamento do PAT foi mantido até dezembro de 2022, mas no valor de 600 mumbucas (Prefeitura, 2022).

Além de ser o meio de pagamento usado nos programas de transferência de renda, algumas empresas e instituições, como o próprio Banco Mumbuca, adotaram a mumbuca para o pagamento dos salários (Gama; Costa, 2021). A partir de 2018, quando a moeda passou a integrar a plataforma E-dinheiro da Rede Brasileira de Bancos Comunitários (Pereira *et al.*, 2020), tornou-se possível a qualquer morador de Maricá abrir uma conta no Banco Mumbuca e fazer transações em mumbuca utilizando o aplicativo de celular do E-dinheiro (Instituto E-dinheiro Maricá, c2021a). Antes da adesão ao sistema E-dinheiro, o valor das compras realizadas nos estabelecimentos comerciais cadastrados levava 30 dias para chegar, em real, até as contas de banco comercial desses negócios. Após a adesão, esse recurso passou a estar disponível imediatamente, em mumbuca, nas suas contas do Banco Mumbuca (Gama; Costa, 2021).

Desde 2018, para cada venda realizada nos estabelecimentos, os comerciantes pagam uma taxa de 2% para o Banco Mumbuca. Esse montante alimenta o Fundo do Banco Mumbuca (Pereira *et al.*, 2020), que financia as atividades sociais e as linhas de microcrédito do banco. Dessa forma, além de possibilitar o pagamento de transferência de renda em moeda local, o banco gera recursos que são reinjetados na economia. O banco também cobra uma taxa de 1% de usuários correntistas e comerciantes que desejam converter a mumbuca em real. Essa taxa não é cobrada de quem recebe salários e benefícios trabalhistas na moeda social, nem de beneficiários do PAT, enquanto os beneficiários da RBC não podem converter suas mumbucas para reais (Instituto E-dinheiro Maricá, c2021a).

A consolidação da moeda mumbuca

Os dados apresentados a seguir foram cedidos pelo Banco Mumbuca e pelo Instituto E-dinheiro, e abrangem:

i) transações bancárias entre fevereiro de 2018 e agosto de 2020;
ii) uma lista, atualizada até outubro de 2020, dos estabelecimentos cadastrados para receber pagamentos em mumbuca;
iii) informações sobre as contas dos beneficiários dos programas RBC e PAT;
iv) emissão de mumbuca entre janeiro de 2018 e fevereiro de 2021; e
v) concessão de microcrédito entre junho de 2018 e fevereiro de 2021.

A Figura 1 ilustra o cadastramento dos negócios e a abertura de contas por parte dos beneficiários. Até novembro de 2019, o cadastro na RBC só incluía um pequeno número de pessoas de baixíssima renda. Como é possível observar no gráfico, o número de beneficiários aumenta consideravelmente entre novembro e dezembro de 2019 devido a um grande esforço de cadastramento. Enquanto isso, pela ótica dos negócios, há maior incentivo para o aumento do cadastramento em dois momentos: em 2018, devido à adoção do sistema E-dinheiro, já comentada anteriormente, e, em 2019, em virtude da criação da RBC como um benefício individual e não mais por família, o que aumentou o volume de mumbucas em circulação e, consequentemente, as vendas. Assim, o ritmo de cadastramento dos negócios se intensifica, acompanhando, com alguns meses de atraso, o ritmo de cadastramento dos beneficiários.

Figura 1. Cadastro de negócios e beneficiários entre janeiro/2018 e outubro/2020.

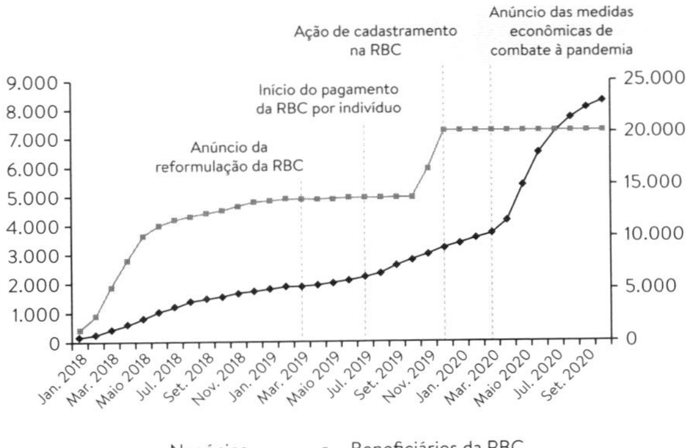

Nota: O eixo da esquerda representa os negócios (linha preta) e o eixo da direita representa os beneficiários da RBC (linha cinza). A unidade do gráfico de beneficiários da RBC é de domicílios porque, apesar de ser um benefício individual, cada domicílio recebe todos os seus benefícios em um único cartão.
Fonte: Elaborado pelos autores com dados do Banco Mumbuca (2018-2020).

A tendência de crescimento do cadastramento de negócios é intensificada com a pandemia. Nesse período, o valor do benefício foi ampliado, fazendo com que o número de negócios cadastrados mais do que duplicasse (passando de 3.705 para 8.276). Outro incentivo para esse aumento foi a introdução na economia de 20.627 beneficiários do PAT, aumentando o volume de mumbucas em circulação e, consequentemente, o consumo em mumbucas. Os dados confirmam as expectativas dos negócios que decidiram se cadastrar: dos 244 milhões de mumbucas transacionadas entre fevereiro de 2018 e agosto de 2020, 71% foram entre abril e agosto de 2020. A maior parte dos recursos gastos em mumbuca (63%) foi destinada à compra de bens e serviços na cidade, o restante foi usado para fazer transferências e pagamento de boletos.

Outro ponto a ser ressaltado é que as 6.477 contas de não beneficiários, como contas correntes comuns e contas-salários, têm participação pouco expressiva no volume total de mumbucas transacionadas entre fevereiro de 2018 e agosto de 2020. Enquanto isso, beneficiários da RBC e do PAT movimentam em torno de 90% do volume de mumbucas transacionado. Até o final de 2020, os beneficiários do PAT podiam converter as mumbucas em reais, mas os dados indicam que há uma preferência pela mumbuca, visto que apenas 13% do total concedido pela Prefeitura foram convertidos em reais. Atualmente, a conversão de mumbucas para reais pelos beneficiários do PAT não é mais possível.

Os dados apresentados nos permitem concluir que, ao longo do período analisado, em especial a partir do final de 2019, a aceitação da moeda mumbuca vem aumentando na economia maricaense, o que nos permite caracterizar uma situação de consolidação da moeda. É possível observar a intensificação do uso da moeda, mesmo em situações nas quais a mumbuca pode ser convertida em reais e, estimulados pelo maior poder de consumo dos beneficiários, mais estabelecimentos passam a se cadastrar no Banco Mumbuca e a utilizar a moeda.

O uso da mumbuca por negócios cadastrados

Dos 8.276 negócios credenciados no Banco Mumbuca até outubro de 2020, 6.041 (73%) receberam pagamento em mumbucas no intervalo analisado. Desses, 4.062 (67%) realizaram operações de pagamento em mumbuca — isto é, utilizaram a moeda social para suas próprias compras, pagamentos de boleto ou transferências. Ao longo do período, a participação dos negócios no volume de mumbucas transacionadas flutuou, mas a partir de março de 2020 é possível perceber uma tendência de elevação. Isso pode ser explicado tanto pelo incremento no número de estabelecimentos que aceitam a mumbuca (maior possibilidade de consumo) quanto pela ampliação dos recursos disponíveis para serem usados em mumbuca pelos negócios, com o aumento no valor da RBC e a introdução do PAT.

O consumo em mumbucas realizado por negócios sinaliza o aprofundamento do processo de aceitação, uso e circulação da moeda em Maricá. Um processo que começou em 2018, com a democratização ao acesso e a simplificação no uso da moeda mumbuca, e com a adoção da mumbuca por mais estabelecimentos comerciais. No período, a média da operação de conversão de mumbucas em reais por parte dos negócios é de 59%, de forma que 41% da receita arrecadada é possivelmente reutilizada em outros comércios em Maricá ou utilizada para pagamento de boletos. Uma explicação para a conversão de mumbuca em real é que grandes negócios com filial em Maricá que aceitam a moeda social, como redes de lanchonetes e supermercados, não têm incentivos para consumir em mumbuca, remetendo o lucro em reais para suas sedes em outras cidades. Adicionalmente, o uso da mumbuca para o consumo pelos negócios depende da diversidade de produtos ofertados na cidade por outros negócios que aceitam mumbuca. Desde 2019, é possível observar que os negócios têm convertido para real uma parcela cada vez menor da sua receita em mumbuca. Essa tendência de queda fica ainda mais visível nos meses após a introdução das medidas de combate à pandemia da covid-19, quando mais mumbucas entram em circulação em Maricá.

A política de microcrédito em mumbuca

Agora focamos um terceiro destino para a mumbuca: a concessão de microcrédito à população, a qual, financiada em grande parte pelo consumo em mumbuca, possibilita que a moeda volte para a população e para os negócios. A arrecadação do banco pelas taxas cobradas dos negócios (2% por venda em mumbuca) e dos usuários (1% da conversão de mumbuca em reais) alimenta o Fundo do Banco Mumbuca, em que 60% é reservado para o microcrédito e 40% para outras ações sociais (Sciammarella, 2020). Os empréstimos são concedidos em moeda mumbuca, gerando maior circulação e, consequentemente, mais recursos disponíveis para futuras operações de crédito. Isso possibilita também que alguns empréstimos sejam concedidos a juro zero, visto que os custos dos empréstimos (administração, risco de inadimplência etc.) são cobertos pelo dinheiro arrecadado pelo consumo dos moradores.

A carteira de crédito do Banco Mumbuca é chamada Mumbucred e possui duas modalidades: o crédito produtivo solidário, destinado a pequenos negócios (formais ou informais), e o Casa Melhor, destinado à reforma de moradia ou à compra de móveis e eletrodomésticos. A primeira modalidade oferece seis linhas de crédito, com valores variando entre 100 e 10 mil reais por pessoa, e taxas de juros variando entre 0% e 1%. A segunda modalidade oferece três linhas de crédito, com valores variando entre 100 e mil reais por pessoa, sem juros. O recurso é concedido a grupos solidários de 3 a 10 pessoas, seguindo a lógica do aval solidário, em que os integrantes do grupo são avalistas uns dos outros. O prazo para o pagamento dos empréstimos é de 4 a 10 meses. Em casos de inadimplência, cobra-se uma taxa de 0,25% ao dia, e, caso a parcela não seja paga após 90 dias, os tomadores de crédito são negativados no SPC (Instituto E-dinheiro Maricá, c2021a; Instituto E-dinheiro Maricá, c2021b).

Como já dito, a ampliação da RBC e a criação de outros benefícios, como o PAT, resultaram em uma maior circulação da moeda mumbuca. Atrelada a essa maior circulação, está a velocidade de circulação da moeda, isto é, o número de vezes que o estoque de moeda circula, na aquisição de bens e serviços (Feijó, 2011). A velocidade de circulação da mumbuca foi equivalente a 1,79 entre fevereiro de 2018 e agosto de 2020. Considerando que 2% das compras de bens e serviços têm como destino o Fundo do Banco Mumbuca, esse aumento da circulação e da velocidade da mumbuca coincidiu com o aumento da quantidade arrecadada pelo Fundo e, portanto, do total disponível para microcrédito. Dessa forma, como é possível observar na Figura 2, o aumento na emissão de mumbuca no início de 2020 resultou no aumento da concessão de microcrédito na segunda metade do ano. No período de 2018 a 2020, cerca de 74% do total de microcrédito concedido concentrou-se no último ano da série.

Figura 2. Emissão de mumbuca e concessão de microcrédito em mumbuca entre janeiro 2018 a janeiro 2021 (R$).

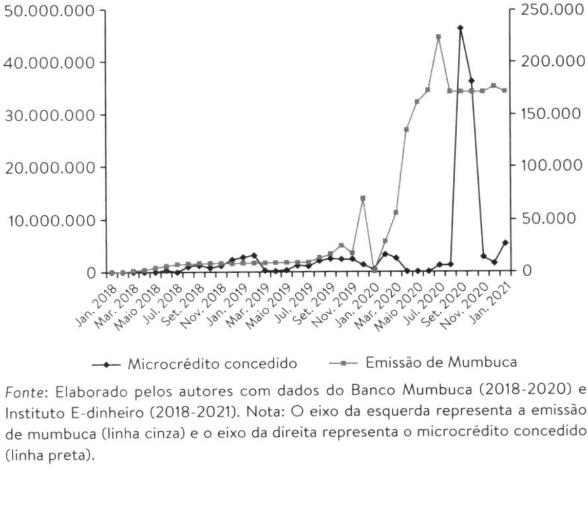

Fonte: Elaborado pelos autores com dados do Banco Mumbuca (2018-2020) e Instituto E-dinheiro (2018-2021). Nota: O eixo da esquerda representa a emissão de mumbuca (linha cinza) e o eixo da direita representa o microcrédito concedido (linha preta).

Podemos concluir que a forma de funcionamento da economia de Maricá e do Banco Mumbuca permitiu que as políticas adotadas pela Prefeitura durante a crise, com o objetivo de proteger a população e os empregos, fossem reforçadas pelas políticas de microcrédito. Isso só foi possível devido ao funcionamento circular da economia de Maricá, em que os recursos em mumbuca liberados pela Prefeitura circulam na economia maricaense ao serem utilizados pelos moradores da cidade e voltam ao Banco Mumbuca para compor as políticas de microcrédito, retornando, posteriormente, à economia maricaense. Por isso, a concessão de microcrédito pelo banco depende, principalmente, da disponibilidade da Prefeitura em liberar recursos por meio de programas sociais e da capacidade da população de gastar o recurso obtido em mumbuca — se, apesar de a Prefeitura disponibilizar grande volume de recursos, a população decidir poupar ou consumir em reais (o que depende do seu grau de confiança na moeda), o Fundo do Banco Mumbuca será menor.

Conclusão

Neste capítulo, foram apresentadas as características do Banco Mumbuca e da moeda social mumbuca, que estão associados aos programas de transferência de renda da Prefeitura de Maricá e às políticas de microcrédito. Entre 2018 e 2020, houve um aumento no volume transacionado em mumbuca, principalmente em 2020, associado às medidas de proteção econômica no combate à pandemia, reforçadas pelo aumento da oferta de crédito. Embora os beneficiários de programas de transferência de renda sejam os principais consumidores em mumbuca, entendemos que o crescimento no número de estabelecimentos que a aceitam e a baixa proporção de conversão pelos negócios e beneficiários do PAT apontam para uma boa aceitação da moeda social. Espera-se que a aceitação e a intensificação do uso da mumbuca tenham impacto positivo sobre o desenvolvimento da economia local da cidade, justamente um dos objetivos da adoção da moeda social como instrumento de política pública pela Prefeitura.

Com a consolidação e o aumento da circulação da moeda, junto ao Banco Mumbuca e suas atribuições, em especial a concessão de linhas de crédito, as políticas e os programas sociais de Maricá oferecem proteção social e robustez econômica no município. Ao completar dez anos de existência, desde que foram criados em 2013, o banco e a moeda mumbuca se mostram instrumentos indispensáveis para os programas de economia solidária na cidade.

Referências

AUXÍLIO ao autônomo e ao informal no programa de amparo ao trabalhador tem regras definidas. Prefeitura de Maricá, Maricá, 28 mar. 2020. Disponível em: https://www.marica.rj.gov.br/2020/03/28/auxilio-ao-autonomo-e-ao-informal-no-programa-de-amparo-ao-trabalhador-tem-regras-definidas/. Acesso em: 1º jul. 2021.

BANCO MUMBUCA. *Estatuto Social da Associação Banco Comunitário Popular de Maricá*. Maricá, 2021. Disponível em: http://www.bancomumbuca.com.br/assets/files/Estatuto-BancoMumbucaatualizado.pdf. Acesso em: 27 jul. 2021.

FEIJÓ, C. A. Inflação e preços. *In*: FEIJÓ, C. A. *et al*. *Para entender a conjuntura econômica*. Barueri: Manole, 2011.

GAMA, A.; COSTA, R. M. *Uma análise da intensificação da circulação da moeda social mumbuca de Maricá entre 2018 e 2020*. Niterói: Finde, 2021.

INSTITUTO E-DINHEIRO MARICÁ. *Mumbucred*. Maricá, c2021a. Disponível em: https://institutoedinheiromarica.org/mumbu-cred. Acesso em: 29 jun. 2021.

INSTITUTO E-DINHEIRO MARICÁ. *Novas linhas de crédito*. Maricá, c2021b. Disponível em: https://institutoedinheiromarica.org/novas-linhas-credito. Acesso em: 29 jun. 2021.

MARICÁ. *Lei n. 2.448, de 26 de junho de 2013*. Institui o Programa Municipal de Economia Solidária, Combate à Pobreza e Desenvolvimento Econômico e Social de Maricá. Maricá, 2013.

MARICÁ. *Lei n. 2.869, de 19 de junho de 2019*. Institui o Programa de Renda Básica de Cidadania — RBC no Município de Maricá-RJ. Maricá, 2019.

PEREIRA, A. S. *et al*. As políticas públicas de economia solidária no município de Maricá/RJ. *IPEA, Mercado de Trabalho*: Conjuntura e Análise, n. 70, p. 171-182, set. 2020.

PREFEITURA DE MARICÁ. *Moeda social mumbuca*. Maricá, c2022. Disponível em: https://www.marica.rj.gov.br/programa/moeda-social-mumbuca/. Acesso em: 15 set. 2022.

PREFEITURA efetua pagamento da parcela de abril do Programa de Amparo ao Trabalhador. Prefeitura de Maricá, Maricá, 19 abr. 2022. Disponível em: https://portalantigo.marica.rj.gov.br/2022/04/19/prefeitura-efetua-pagamento-da-parcela-de-abril-do-programa-de-amparo-ao-trabalhador/. Acesso em: 15 set. 2022.

SCIAMMARELLA, N. *In*: BANCOS POPULARES E COMUNITÁRIOS/MOEDA SOCIAL ELETRÔNICA CIRCULANTE. Webinar. YouTube: Coordenação Estadual de Economia Solidária, Rio de Janeiro, 2020. Disponível em: https://www.youtube.com/watch?v=Wotjq3cCuqQ. Acesso em: 1º jul. 2021.

PARTE II

O que os maricaenses pensam das políticas de economia solidária?

3

A visão da Prefeitura de Maricá

Denise Neumann
Danilo Pitarello Rodrigues

Introdução

A mumbuca nasceu na cidade de Maricá, Rio de Janeiro, em 2013, e foi anunciada como uma moeda social associada à organização de um banco comunitário popular, à disponibilização de linhas de crédito para estímulo ao microempreendedorismo e à concessão de benefícios mensais para famílias em situação de risco. Em 2019, a Prefeitura informou que ampliaria o programa de "Renda Básica e Cidadania", pelo qual oferecia apoio econômico às famílias de Maricá com renda de até três salários mínimos.

Ao longo de todo o processo de implementação dessa política pública, o *site* da Prefeitura foi um instrumento fundamental na comunicação dos gestores públicos com a sociedade.

Este capítulo se propõe a discutir elementos que foram mobilizados na comunicação pública sobre a mumbuca, e a apresentar a visão dos gestores a respeito da moeda e da renda básica de cidadania. A reconstrução dessa narrativa se concentra em 161 notícias publicadas no *site* da Prefeitura de Maricá entre 2013 e 2020, complementadas com entrevistas realizadas, em julho de 2021, com Diego Zeidan, vice-prefeito, Igor Sardinha, secretário de Desenvolvimento Econômico, e Olavo Noleto, presidente da Companhia de Desenvolvimento de Maricá (Codemar).[1] Este texto usa como base trabalhos anteriores dos autores.

A comunicação nas políticas públicas

Em todos os momentos do ciclo de políticas públicas, da formação da agenda de discussões até a implantação e a avaliação de uma determinada política, a comunicação tem papel fundamental, tanto dentro do próprio governo, como na relação do Estado com a sociedade, como discute Carpini (2020). A comunicação pode se dar, entre

1. As entrevistas foram realizadas pelos autores como parte de um projeto de mestrado. Ver Rodrigues e Neumann (2021).

diversas outras formas, por meio de campanhas, discursos, entrevistas, canais oficiais de transmissão de informação, e mesmo por intermédio de justificativas dos projetos de lei e outros documentos oficiais.

Nas últimas décadas, no meio acadêmico, alguns trabalhos abriram espaço para uma recuperação da retórica enquanto argumentação e persuasão. Diferentes estudos ancoraram análises de conteúdo e de discurso usando elementos que remontam a Aristóteles. Gottweis (2006) é um dos autores que mais profundamente incorporaram as três provas da razão (*éthos*, *páthos* e *logos*) do filósofo grego no debate sobre políticas públicas. O autor argumenta que a formulação de uma política pública nunca ocorre em qualquer tipo de vácuo econômico, político, social, cultural ou semântico, e é sempre um processo contextualizado e situado, mediado pelo discurso.

Em Maricá, cidade de mais de 200 mil habitantes, o *site* da Prefeitura é similar a um portal de notícias, e tem sido um dos principais instrumentos usados pelo governo em exercício na dupla tarefa de informar a população e disputar a opinião do cidadão-eleitor. Segundo informações coletadas em conversa com três profissionais da comunicação da cidade,[2] existem duas situações

2. Essa descrição tem por base uma conversa com três profissionais da comunicação de Maricá realizada em 26 de outubro de 2021.

principais que geram notícias no *site*: eventos e demandas da gestão (gabinete do prefeito ou secretarias) e da sociedade (que pede algo ou reclama, muitas vezes pelas redes sociais). Esses eventos e demandas geram "pautas", da mesma forma que em um veículo de mídia, e um repórter, previamente orientado sobre a intenção do governo, é destacado para seu acompanhamento. Seu texto passa por um editor e depois é publicado. Na visão dos profissionais responsáveis pela produção do *site*, a população de Maricá é seu público-alvo e, entre outras funções, a comunicação em torno de uma política pública (especialmente uma nova política) se pauta por quatro pilares: esclarecimento (como ela vai funcionar); mobilização (para garantir adesão); sensibilização em relação ao tema; e preocupação com seu legado.

O número de acessos aos conteúdos relacionados à mumbuca mostra como a política ganhou centralidade, tanto no discurso da administração quanto na atenção da população. Em 2013, a informação do efetivo lançamento da mumbuca teve 9.791 acessos. Em 2019, ano de inflexão da política, uma das notícias teve mais de 39 mil acessos. Em 2020, o recorde foi quebrado na comunicação de políticas de enfrentamento da pandemia: 46.437 acessos na mais lida delas.[3]

3. Acessos contabilizados até a primeira semana de outubro de 2021.

Ao longo desse período de evolução da política e suas visões, podemos identificar dois momentos-chave na narrativa em torno da mumbuca. O primeiro é o momento da implementação, entre 2013 e 2014, fase em que relatos[4] sugerem a existência de uma resistência inicial a ser vencida. O segundo, entre 2019 e os primeiros meses de 2020, antes da pandemia, é a fase em que os gestores promovem uma mudança na política, ampliando expressivamente seu alcance de 14 mil para 42 mil beneficiários, mantendo o mesmo valor de R$ 130,00, porém, não mais por família, mas por pessoa, o que ampliou a renda em circulação na cidade para o consumo de bens e serviços nos estabelecimentos cadastrados.

Com a análise das notícias, é possível identificar os elementos mobilizados para persuadir a opinião pública em cada momento e, com as entrevistas, podem-se explorar a percepção e o potencial dessa política a partir do ponto de vista dos atuais gestores.

A evolução da narrativa a partir de expressões e palavras

Para entender a narrativa em torno do programa, foi feita uma busca pela palavra-chave

4. Ver Faria (2018, p. 90).

mumbuca no *site* antigo[5] da Prefeitura de Maricá, complementada por uma varredura manual, mês a mês na mesma plataforma, para os anos de 2013 a 2020. Foram encontrados 168 textos e foram descartados artigos repetidos. A simples leitura dos 161 textos publicados no *site* da Prefeitura de Maricá que falavam da mumbuca como política pública já sugere que ela mudou entre 2013 e 2020. E essa mudança fica explícita quando olhamos a inversão do peso das ideias-chave "moeda social" e "renda básica" nos textos, ao longo do período, como mostra o Gráfico 1. O total de vezes em que a expressão apareceu foi ponderado pelo número de textos de cada período.

Gráfico 1. Moeda social *versus* renda básica de cidadania.

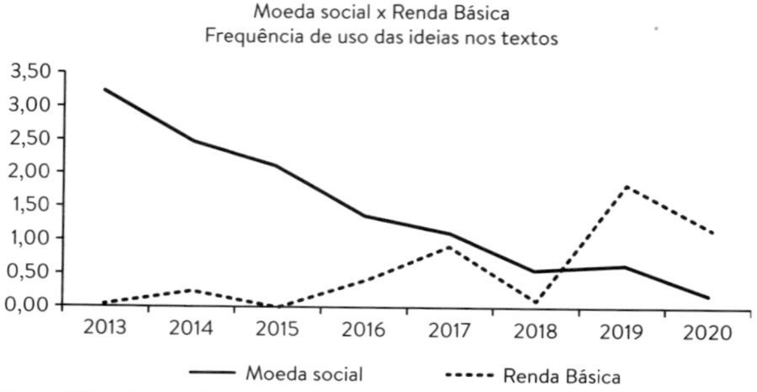

Fonte: 161 textos publicados no *site* da Prefeitura de Maricá contendo a palavra "mumbuca" de 2013 a 2020; repetições da palavra/total de textos.

5. A plataforma ganhou nova versão em 2022.

Presente na criação da moeda social mumbuca, a ideia de um banco comunitário (pela lei, o nome da instituição local é Banco Comunitário Popular Mumbuca[6]) é outra ausência revelada pela contagem das palavras nos textos que narram a história da mumbuca em Maricá. O banco, que foi apresentado como comunitário em 2013, começa a existir formalmente em 2018. Mas a classificação de "comunitário" não acompanhou sua constituição, como aponta o Gráfico 2.

Gráfico 2. Banco Mumbuca *versus* banco comunitário.

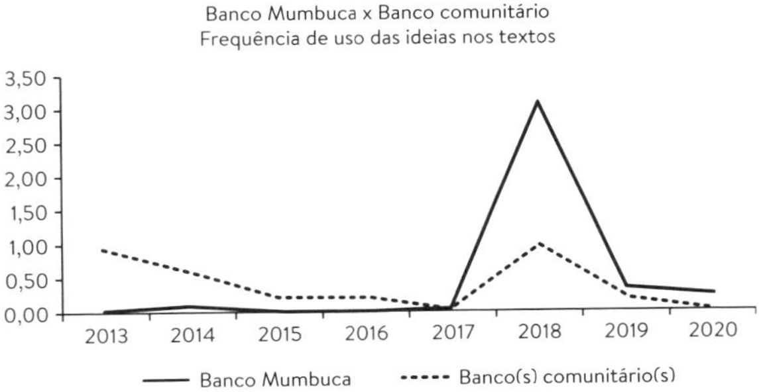

Fonte: 161 textos publicados no *site* da Prefeitura de Maricá contendo a palavra "mumbuca" de 2013 a 2020; repetições da palavra/total de textos.

Em 2018, as menções ao Banco Mumbuca estão relacionadas ao contexto de mudança da

6. Lei Municipal n. 2.652/2015.

plataforma tecnológica até então usada pelo Banco Palmas/Instituto E-Dinheiro. No processo de migração para o novo sistema, o E-Dinheiro, um aplicativo de pagamentos desenvolvido pelo instituto do mesmo nome, todos os beneficiários foram recadastrados e abriram uma conta no banco. Mas não apenas o adjetivo comunitário desapareceu: para 77 registros de Banco Mumbuca enquanto expressão-chave nos 25 textos publicados em 2018, o termo microcrédito, que era um dos objetivos do projeto lançado em 2013, apareceu apenas quatro vezes.

Embora escolhas, presenças e ausências sejam reveladoras nas análises de conteúdo e/ou de discurso, olhar para campos semânticos permite dar um passo além no estudo de narrativas ao longo do tempo. O mapa de calor apresentado na Figura 1 ajuda a entender oito anos de discursos em torno da política pública da mumbuca em Maricá, ao mostrar polos quase antagônicos temporalmente entre os *clusters* de família-social-moeda e renda-básica-cidadania, reforçando a ideia subjacente de substituição que foi revelada pela contagem de palavras.[7] Os *clusters* são agrupamentos de palavras em conjuntos de ideias, conforme elas aparecem mais ou menos vezes associadas.

---

7. Esse mapa de calor é resultado da submissão dos textos ao *software* Dariah-DE. Para mais detalhes, ver Neumann (2021).

O agrupamento de campos semânticos também reforça a percepção de que não apenas a renda básica passa a ocupar o lugar da moeda social no discurso dos agentes públicos, mas outras ideias-chave do programa, como o papel do banco no desenvolvimento da economia local (sugerido pelo *cluster* mumbuca-banco-economia), igualmente perderam espaço e força ao longo do tempo. Os *clusters* sugerem não só uma substituição, mas sobretudo uma mudança na composição dos elementos do discurso.

Figura 1. Mapa de calor da evolução dos campos semânticos nas notícias sobre a mumbuca.

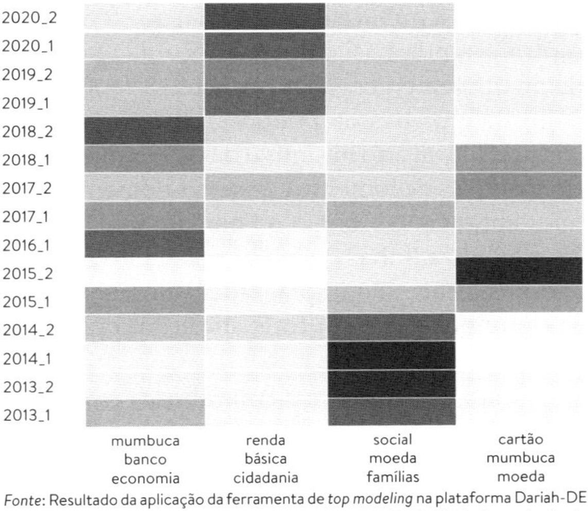

Fonte: Resultado da aplicação da ferramenta de *top modeling* na plataforma Dariah-DE com uso das 161 notícias sobre a mumbuca no período 2013-2020. Reprodução do gráfico original do resultado.

Essa alteração de termos e expressões, além de ter como marco duas aprovações legislativas, também mostra como a visão dos gestores e o vocabulário utilizado no primeiro momento partiram de um contexto mais próximo aos bancos comunitários originais, que nasceram de iniciativas da sociedade civil. O Banco Palmas, de Fortaleza, no Ceará, responsável pela implantação da mumbuca e pela "incubação" do Banco Mumbuca, é uma organização autônoma de base, não governamental, e utiliza a moeda social e o microcrédito como ferramentas principais de promoção do desenvolvimento comunitário.

O contexto do segundo momento-chave é o de uma política pública consolidada, que tem como centro a renda básica e o começo das políticas de auxílio emergencial. O banco e a moeda são instrumentos dessas políticas, direcionados ao consumo local e ao incentivo da economia solidária. Políticas de fomento e desenvolvimento local mais abrangentes, como o Fomenta Maricá, que disponibiliza linhas de crédito para os empreendedores locais, são implantadas em reais (e não em mumbucas) por outra instituição contratada pela Prefeitura.

Uma visão sintética da mumbuca como moeda, banco comunitário e ao mesmo tempo um programa de renda básica foi dada pelo vice-prefeito Diego Zeidan: "A moeda mumbuca é um meio de pagamento; ela é o banco, ela é o projeto de renda básica de cidadania, ela é o banco com crédito, com a capacidade de apoiar os empreendimentos da cidade, a capacidade de incentivar empreendimentos sociais, cooperativas e associações, e ela é um meio de pagamento tanto para a Prefeitura, para seus projetos sociais, como o da renda básica, como os que estão sendo pagos durante a pandemia, como o PAT [Programa de Amparo ao Trabalhador] e o PAE [Programa de Amparo ao Emprego]. E é um meio de pagamento que também pode ser usado pelo setor privado, não só pela prefeitura".[8]

A mumbuca, portanto, é uma moeda social, mas é também uma expressão e uma política que congrega em si um conjunto amplo de ideias e iniciativas.

A evolução da narrativa a partir dos elementos de persuasão

Gottweis (2006) vê a formulação, bem como a implementação de políticas públicas, como um processo performativo e multifacetado, que varia ao longo do tempo e se vale da combinação dos três diferentes elementos de persuasão: *páthos* (emoção, paixão), *éthos* (sujeito, indivíduo) ou

8. Entrevista concedida para os autores deste texto em julho de 2021.

logos (razão, lógica). As combinações podem resultar em cenários centrados em autoridade e emoção (*etho-pathetic*), lógica e emoção (*logo-pathetic*) ou autoridade e lógica (*etho-logical*).

A identificação de elementos de autoridade, lógica e emoção em textos representativos dos dois momentos-chave da mumbuca (o início, em 2013-2014, e a transformação, em 2019-2020) mostra que eles mobilizaram argumentos de ênfase diferentes. No período 2013-2014, sobressai uma argumentação *etho-pathetic* (autoridade + emoção), enquanto no momento de reestruturação da política, temos uma persuasão centrada em um modelo *etho-logical* (autoridade + razão). Mas é possível também identificar uma mudança nas "evidências" apresentadas em cada momento.[9]

A presença forte da voz da autoridade é um resultado esperado para um veículo de notícias de perfil público-governamental, mas há uma diferença interessante no perfil das autoridades mobilizadas no debate. Em 2013-2014, há predominância de autoridades locais, de diversas instâncias e áreas. Prefeito, vice-prefeito e o secretário de Direitos Humanos (pasta na ocasião responsável pela implementação do projeto) são figuras frequentes, mas também aparecem os

---

9. A identificação dos elementos de persuasão foi feita com ajuda do programa Quirkos# (um *software* de análise qualitativa de textos).

secretários da Fazenda, Desenvolvimento Econômico, Pesca e Agricultura. Além das figuras "locais", o argumento centrado na "autoridade" busca ancoragem em experiências brasileiras de moeda social, especialmente a do já citado Banco Palmas, do conjunto Palmeiras, em Fortaleza, um dos mais conhecidos projetos de moeda social do país, e em figuras nacionais, como o então secretário de Economia Solidária do Ministério do Trabalho e Emprego, Paul Singer.

No período entre 2019 e os primeiros meses de 2020 (antes da pandemia), há um encolhimento do peso das autoridades locais. Em vários textos, o secretário de Economia Solidária (pasta criada em 2015 para gerir o programa) aparece como único representante do governo municipal com voz na defesa da reformulação da mumbuca. As figuras do prefeito e do vice-prefeito também perdem relevância, e nenhum representante do Legislativo tem sua fala retratada, mesmo considerando que o projeto que transformou a política pública oficialmente em um programa de renda básica de cidadania foi discutido e aprovado na Câmara de Vereadores.

Nesse segundo momento, o papel de âncora é transferido para autoridades externas e para a mídia internacional. Entre referências mobilizadas para exercer essa função está o ex-senador Eduardo Suplicy, na época vereador de São Paulo, além de uma lista de reportagens publicadas em veículos da imprensa internacional, como o "espanhol *El País*", "a britânica *BBC*", "Vox, um *site* dos EUA", "o *site* especializado em economia Business Insider", a ARD, "emissora pública e primeira rede de televisão da Alemanha".

O contraste mais revelador entre os dois momentos é o fato de que, no período 2019-2020, Maricá e sua renda básica passam a ser o próprio *éthos*. Já não há um modelo a ser copiado, mas a ser exportado. E o projeto, que antes buscava inspiração, passou a ser vendido como a própria representação a ser copiada. Há uma preocupação mais explícita em trazer argumentos lógico-racionais para o debate e mobilizar informações que pudessem ser apontadas como evidências da boa política pública, como: "Com a nova estrutura, a entrada de recursos deverá chegar a R$ 6 milhões por mês quando a RBC alcançar os 50 mil cadastrados".[10]

Em 2013-2014, o uso de elementos racionais no debate foi bem restrito. As referências são escassas e relacionadas às propostas (número de pessoas que serão beneficiadas e valor que

10. RENDA básica passa a ser de 130 mumbucas por pessoa e deve injetar R$ 18 milhões na economia local. Prefeitura de Maricá. Disponível em: https://portalantigo.marica.rj.gov.br/2019/08/07/renda-basica-passa-a-ser-de-130-mumbucas-por-pessoa-e-deve-injetar-r-18-milhoes-na-economia-de-marica/. Acesso em: 1º out. 2021.

será movimentado na economia), o que é compreensível por se tratar de uma política pública que ainda não havia sido implementada. Mas na identificação do problema foram mobilizados poucos elementos de lógica econômica ou evidências da sua necessidade. Uma rara referência feita é quanto ao fato de que, na cidade, "mais de 15 mil ganham até um salário mínimo e mais de 70% das famílias maricaenses recebem menos que três salários mínimos".[11]

Na análise de argumentos que podem ser identificados como portadores de "emoção", no sentido de representarem valores e sentimentos capazes de dar sustentação a uma política pública, encontramos grandes diferenças entre os dois momentos. Há ideias recorrentes em 2013-2014, que não voltam em 2019-2020, como participação, sociedade civil, adesão voluntária e transparência, enquanto o segundo momento traz novos valores, como dignidade e a própria ideia de cidadania. A caracterização do público-alvo também muda: "famílias em situação de risco social", para as quais "as mumbucas seriam aliadas no combate à pobreza extrema", cedem espaço para uma "ação que oferece apoio econômico às

11. PREFEITO lança moeda social mumbuca. Prefeitura de Maricá. Disponível em: https://portalantigo.marica.rj.gov.br/2013/12/30/prefeito-lanca-moeda-social-mumbuca. Acesso em: 4 out. 2021.

famílias de Maricá com renda de até três salários mínimos", uma descrição que se aproxima mais de um argumento ancorado na razão do que na sensibilização.

Em 2013, uma das falas do então presidente da Câmara dos Vereadores de Maricá, Fabiano Horta (do PT, eleito prefeito em 2016 e reeleito em 2020), ajuda a entender a mobilização de valores colocados em ação naquele momento: "No passado, o cenário era conflituoso e hostil".[12] É nesse contexto — de resistência e desconfiança — que se entende a opção de dar peso aos argumentos que apelam à emoção para conquistar a adesão da população e do setor privado para a implementação da política pública.

Uma política pública em transformação

Fora a mobilização de diferentes elementos ao longo do tempo para garantir o apoio necessário à implementação da política pública, a mudança da narrativa em torno da mumbuca, verificada a partir da leitura dos 161 textos publicados nos seus primeiros oito anos de existência, mostra que ela

12. Prefeitura de Maricá anuncia criação de "moeda social". Prefeitura de Maricá. Disponível em: https://portalantigo.marica.rj.gov.br/2013/04/19/prefeitura-de-marica-anuncia-criacao-de-moeda-social/. Acesso em: 1º out. 2021.

é um projeto em transformação. O atual prefeito, Fabiano Horta, em um dos textos publicados no *site* da Prefeitura, em 2019, aponta essa evolução: "Para nós, esta é uma questão central de política pública que está em constante processo de desenvolvimento. Nasceu como uma moeda social para complementar a renda, e hoje já avançou em dimensões legais para se estabelecer enquanto uma renda básica de cidadania".[13]

Além das notícias que mostram como a renda básica ganhou centralidade no discurso da administração municipal, as entrevistas com os gestores locais permitem apontar que essa política pública é a base de um projeto de desenvolvimento econômico e social para a Maricá do pós-petróleo que não se restringe à inclusão da população mais vulnerável. Em julho de 2021, em um estudo anterior,[14] os autores deste capítulo entrevistaram 12 gestores de Maricá cuja atuação envolve o desenvolvimento econômico e social da cidade, entre eles, o vice-prefeito, Diego Zeidan, o secretário de Desenvolvimento Econômico, Igor Sardinha, e o presidente da Companhia de Desenvolvimento de Maricá (Codemar), Olavo Noleto.

13. Maricá alinha parceria com o Jain Family Institute, de Nova York. Prefeitura de Maricá. Disponível em: https://portalantigo.marica.rj.gov.br/2019/07/24/marica-alinha-parceria-com-o-jain-family-institute-de-nova-iorque/. Acesso em: 1º out. 2021.

14. Ver Rodrigues e Neumann (2021).

No conjunto, as entrevistas indicam que o modelo que combina moeda social e renda básica é visto como a chave para que a cidade rompa o caráter de cidade-dormitório, o qual ainda a define, e se transforme em um polo dinâmico, com geração de emprego e renda que possam ser absorvidas pela população local. Como destaca o Secretário de Desenvolvimento, Igor Sardinha, a mumbuca é "um dos principais instrumentos que a cidade tem hoje para romper esse ciclo, gerar emprego aqui, fazendo com que a pessoa more aqui, também trabalhe aqui, porque a gente consegue fazer com que o dinheiro circule mais aqui dentro".

A mumbuca é também a expressão de um "Estado de desenvolvimento local", que tem a responsabilidade de combater desigualdades e promover o desenvolvimento econômico, como preconizado por Milford Bateman (2017). Essa concepção foi ressaltada pelo então presidente da Codemar,[15] Olavo Noleto: "Aqui o Estado indutor está presente pela mão da Prefeitura e não pela mão dos outros entes federais. E a Prefeitura, na qualidade de Estado indutor, a primeira tarefa de casa ela fez, ela não só botou dinheiro na economia através da mumbuca, como encheu a cidade de obra gerando empregos na área da construção civil".

---

15. Em janeiro de 2023, Noleto deixou de ser presidente da Codemar.

Nesse modelo, o Estado indutor promove um tipo de desenvolvimento que vai além da economia solidária, base da mumbuca, quando ela foi lançada em 2013, e aproveita também as oportunidades trazidas pelos investimentos públicos, como o Gasoduto Rota 3, e privados, como o Porto de Ponta Negra-Jaconé, que fica na mesma região onde passa o gasoduto. Sardinha aponta que esse é um dos caminhos para a diversificação da economia local: "o gás, que aqui vai ter com pujança, é um ativo dos mais importantes para vários e vários segmentos da indústria. O nosso parque industrial, que vai ser localizado nesta retroárea do porto, vai reunir condições de atrair muitas atividades nesse setor, para que a gente consiga diversificar e gerar emprego em outras frentes".

Entre outras políticas de desenvolvimento que buscam a diversificação da base produtiva, o presidente da Codemar faz a ponte entre grandes e pequenos investimentos. Além disso, apresenta o sentido de um conjunto amplo de projetos de fomento à economia local, que englobam desde um aeroporto e um *hub* logístico para apoiar as atividades ligadas à exploração de petróleo até arranjos produtivos locais nos setores agroalimentar, de saúde, turismo e tecnológico. Nesses arranjos produtivos locais (APLs), o uso da mumbuca é discutido não apenas como meio de pagamento, mas também como um instrumento de fomento. Segundo Noleto: "a gente está tentando construir tecidos que possam se constituir para fazer o que a mumbuca fez aqui embaixo na pirâmide, então agora estamos subindo a pirâmide. Esses APLs vêm aqui dar liga pra base, pra erguer os próximos andares dessa pirâmide". Como moeda social e instrumento dos programas de transferência de renda da Prefeitura, portanto, a mumbuca também passou a estar inserida em um conjunto mais amplo de políticas públicas que buscam uma transformação estrutural da economia no território.

Os gestores da cidade têm clareza dos desafios colocados e da necessidade de enfrentá-los, ainda que os caminhos a serem adotados para o aperfeiçoamento e a expansão do uso da moeda estejam em debate. Um exemplo é como lidar com a concentração dos gastos das mumbucas em poucos e grandes estabelecimentos comerciais. Como mostraram Rodrigues e Neumann (2021, p. 54), apenas 21 estabelecimentos de 5.674, que receberam pagamentos em mumbucas entre abril e agosto de 2020, ficaram com 41% do valor total pago em moeda social. Para Sardinha, incentivar o uso de mumbucas no pequeno comércio é "uma forma de fazer com que esses recursos sejam gastos de maneira mais espraiada e não concentrada em alguns estabelecimentos". Ele defende, no entanto, que a liberdade de escolha do consumidor não seja cerceada. E o mesmo caminho de incentivar e não restringir as possibilidades de uso da renda básica de cidadania é defendido pelo vice-prefeito: "Não dá para ferir o livre mercado porque a pessoa tem escolha de comprar onde ela quiser, mas a gente tá tentando pensar formas de incentivar a pessoa a escolher o menor, escolher o pequeno, em vez de escolher o grande".

A adoção da mumbuca para o pagamento de vale-refeição aos funcionários da prefeitura e, entre outros projetos, o desenvolvimento de um *marketplace* da moeda social, com o objetivo de criar um ambiente digital para o comércio na cidade, mostram a intenção de transformar a política em algo maior. Para alguns gestores, a mumbuca tem o potencial de se tornar uma moeda local. Nesse sentido, o vice-prefeito, Diego Zeidan, defende que "é preciso trazer para as pessoas a ideia da moeda como meio de pagamento, como a moeda da cidade de fato, não só como um programa de transferência de renda da Prefeitura, mas como uma moeda que pode ser usada por todos".

Considerações finais

Este trabalho permitiu identificar que o governo de Maricá mobilizou argumentos diferentes para convencer a opinião pública nos dois momentos-chave da política pública em torno da mumbuca. No começo, pela necessidade de angariar adesão tanto da população como do setor privado e da sociedade civil para sua implementação, foi dada ênfase a um modelo de persuasão que combinou mais fortemente autoridade local e sensibilização. Em um segundo momento, diante do poder econômico-financeiro do orçamento público, elementos lógicos e a transformação da própria cidade em exemplo a ser difundido ganharam relevância.

Ao longo de sua existência, a mumbuca passou a simbolizar um conjunto amplo de políticas públicas inclusivas e, dez anos após sua criação, está sendo pensada como instrumento em diferentes ações, como no pagamento de vales-refeição e outros auxílios, e no fomento ao comércio digital local de produtos e serviços. Esses usos sugerem que podemos esperar um novo ciclo no uso de elementos de mobilização da opinião pública.

Referências

BATEMAN, Milford. Bringing the local state back into development: the "local developmental state" and the promotion of sustainable economic development and growth from the bottom-up. CONFERÊNCIA ANUAL — EUROPEAN ASSOCIATION FOR EVOLUTIONARY POLITICAL ECONOMY, 29., 2017, Budapeste. *Anais* [...]. Budapeste, out. 2017.

CARPINI, Michael X. Deli. Public sector communication and democracy. *In*: LUOMA-AHO, V. L.; CANEL, M.-J. (ed.). *The handbook of public sector communication*. New Jersey: Wiley-Blackwell, 2020.

FARIA, Luiz. *Digitalizações de moedas sociais no Brasil e suas (pré)histórias*: tensões e mediações com Estados, mercados e tecnologias. 2018. Tese (Doutorado) — Universidade Federal do Rio de Janeiro, Rio de Janeiro, 2018.

GOTTWEIS, Herbert. Rhetoric in policy making: between logos, ethos and pathos. *In*: FISCHER, F.; MILLER, G. J. (ed.). *Handbook of public policy analysis*: theory, politics, and methods. Flórida: CRC Press, 2006. cap. 17, p. 237-250.

NEUMANN, Denise Maria. *Mumbuca*: moeda social e/ou renda básica de cidadania — as narrativas sobre a moeda social de Maricá/RJ. São Paulo: MPGPP-FGV, 2021. Disponível em: https://bibliotecadigital.fgv.br/dspace;/handle/10438/31767. Acesso em: 15 ago. 2023

RODRIGUES, Danilo Pitarello; NEUMANN, Denise Maria. *Moeda social e desenvolvimento local em Maricá (RJ)*. 2021. Dissertação (Mestrado) — Mestrado Profissional em Gestão e Políticas Públicas, Fundação Getúlio Vargas, São Paulo, 2021. Disponível em: https://bibliotecadigital.fgv.br/dspace;/handle/10438/31485. Acesso em: 15 ago. 2023.

4

Como os maricaenses enxergavam seus programas de transferência de renda antes e durante a pandemia de covid-19?[1]

Jéssica Maldonado
Fernando Freitas

Introdução

A pandemia fomentou o debate sobre renda básica e a abrangência de sistemas de proteção social ao redor do mundo, além

1. Pela colaboração fundamental, os autores agradecem Anna Isabela Fernandes, Iago Mendes e Luiz Sette.

da adoção de políticas emergenciais, com o objetivo de amenizar os impactos socioeconômicos da crise. Em Maricá não foi diferente, mas a cidade tinha o diferencial de contar com a estrutura de transferência de renda da Renda Básica de Cidadania (RBC) previamente montada. Essa estrutura foi essencial para uma resposta rápida, que contou adicionalmente com medidas emergenciais, e foi aprovada pela população. Entretanto, conforme veremos ao longo do texto com a análise de dois programas de Maricá, parte dos munícipes desejava maior abrangência da cobertura de proteção social municipal.

O primeiro programa abordado no texto é a Renda Básica de Cidadania (RBC) paga mensalmente a cerca de 42 mil residentes (em torno de 20% da população) por meio de uma moeda local com paridade de um para um com o real, a mumbuca, sem exigência de contrapartidas. Para ser elegível ao programa, era necessário estar no Cadastro Único e morar em Maricá há mais de três anos. O desenho atual foi alcançado no final de 2019, com o pagamento de 130 mumbucas mensais por pessoa. Com a pandemia da covid-19, o valor aumentou para 300 mumbucas, sendo posteriormente reajustado em maio de 2022 para 200 mumbucas.

O segundo programa em análise é o Programa de Amparo ao Trabalhador (PAT), criado em março de 2020, que pagava um salário mínimo (R$ 1.045,00) a trabalhadores autônomos, informais ou microempreendedores com renda familiar de até R$ 5 mil. Inicialmente, o benefício estava previsto para durar por três meses, mas foi prorrogado até março de 2023, com valor reduzido de R$ 600,00.

O capítulo propõe-se a explorar as críticas das políticas adotadas no primeiro semestre de 2020, período marcado pelo início da pandemia de covid-19 no Brasil. Nos meses da análise, a RBC estava recém-criada no formato atual e teve seu valor aumentado (em abril), enquanto o PAT foi criado emergencialmente. Esse momento-chave permite avaliar as mudanças na proteção social do município, com as críticas da população podendo revelar potenciais anseios. No segundo semestre de 2020, as políticas não eram mais novidade e a época corresponde ao período de eleições municipais no país, consequentemente, o foco dos debates nas redes sociais muda e o volume de comentários sobre as políticas é menor em comparação ao primeiro semestre do ano.

A metodologia adotada foi a análise de valência, a qual permite identificar se um assunto é visto de forma positiva, neutra ou negativa. Essa metodologia tem sido aplicada à análise de mídias, como jornais e redes sociais, para mensurar a opinião da população sobre políticas públicas

(Chen; Silva; Reis, 2020; Ceron; Negri, 2015), identificar a preferência política de determinado grupo (Oliveira; Bermejo; Santos, 2016), além de uma série de outros usos.

Através do *software* Knewin[2] foram coletados 4.053 comentários da rede social Facebook sobre as políticas RBC e PAT durante os seis meses iniciais de 2020. Utilizando a metodologia de análise de valência, os comentários foram classificados como neutros, positivos ou negativos. Os comentários são majoritariamente neutros (51%), em que indivíduos marcam outras pessoas ou comentam dúvidas sobre as políticas; e positivos (21%), nos quais os habitantes parabenizam o trabalho do prefeito ou elogiam os programas de forma genérica.

Ao longo do período analisado, apenas 28% dos comentários analisados foram classificados como negativos. Mas esses serão o foco da análise por usualmente serem mais específicos, oferecendo amplo material qualitativo para explorar a opinião pública sobre aspectos da implementação das políticas, permitindo analisar como a população reage às mudanças nas regras dos benefícios. Depois de serem classificados como negativos, os comentários foram atribuídos a categorias de

---

2. A equipe de pesquisa da Avaliação da Renda Básica de Maricá contratou a coleta de dados com o Datalesp.

críticas previstas pela literatura sobre transferência de renda, como críticas ao valor do benefício, ao ideal da política, aos critérios de elegibilidade, entre outras, oferecendo uma ilustração das dificuldades previstas pela literatura de implementação e avaliação de políticas de transferência de renda.

A análise de valência é um instrumento importante para os formuladores de política pública terem retorno rápido sobre mudanças em programas (Osimo; Mureddu, 2012). Entretanto, a metodologia adotada esbarra em algumas limitações, como o fato de que os usuários da rede social Facebook podem não constituir uma amostra representativa da população de Maricá. Por isso, a mensuração da opinião pública não deve substituir outras formas de pesquisa, como questionários qualitativos e metodologias quantitativas.

Das críticas ao ideal da Renda Básica ao anseio por maior abrangência

No início de 2020, os comentários negativos se direcionavam ao ideal da política, com críticas gerais à formulação das políticas de transferência de renda, e estavam, em sua maioria, relacionados a uma notícia sobre a ampliação da cobertura da Renda Básica de Cidadania (RBC). Nessa categoria, os críticos desacreditam dos possíveis efeitos positivos das políticas ou de sua necessidade, como mostram os exemplos a seguir:[3]

> *"E necessário ensinar a pescar, não dar o peixe". "Gente, um jovem com 18 anos. Deveria tá no mercado de trabalho, vivendo de benefícios atoa! Por isso esse Brasil nunca vai pra frente, nunca mesmo...".*

Porém, a partir de março, as críticas à focalização do programa passaram a ser predominantes. Isso pode ser atribuído à chegada da pandemia no Brasil e ao aumento do sentimento de insegurança econômica (Moura; Ferreira; Alves, 2021). Os benefícios fornecidos pela prefeitura — como a antecipação do benefício "Abono Natalino" (130 mumbucas adicionais) e a ampliação do benefício RBC para 300 mumbucas por três meses — estavam atrelados à política RBC, de modo que parte da população ficou incomodada com a cobertura da rede de proteção social do município. Os comentários relatavam a insatisfação da população com a cobertura do benefício, julgando-a insuficiente para atender a seu público-alvo. Um exemplo é o comentário a seguir:

3. Na transcrição de cada comentário, foi mantida a grafia, com eventuais erros gramaticais, de ortografia, gírias etc.

> *"Vcs tinha que dar uma renda para as crianças em que os pais não tem cartão mumbuca... Pq aqui em marica, não são todos que tem cartão..".*[4]

Esses problemas e comentários são esperados para o caso de benefícios focalizados. Isso ocorre porque os benefícios focalizados devem cumprir dois critérios de eficiência: horizontal e vertical (Barr, 2020). Devem cobrir todos que dele necessitam (eficiência horizontal), evitando erros de exclusão, e não devem permitir vazamentos, evitando erros de inclusão (eficiência vertical). O erro de exclusão poderia ocorrer devido às regras de elegibilidade ou porque as pessoas não se inscreveram para receber o benefício, mesmo tendo direito e sendo elegíveis. Alguns comentários dessa categoria relatam casos em que as pessoas não puderam se tornar beneficiárias por não cumprirem uma regra específica, como é o caso a seguir:

> *"eu moro aqui e nao pode fazer!! pq moro vai fazer 2 anos".*

As cinco categorias de críticas mais frequentes ao longo dos seis meses foram as seguintes: erros

---

4. O programa Renda Básica de Cidadania é frequentemente denominado Cartão Mumbuca ou Bolsa Mumbuca nos comentários da população de Maricá.

de exclusão decorrentes da focalização; problemas operacionais; críticas à falta de restrições ao uso do benefício; crítica ao ideal da política; e inflação. A Figura 1 mostra a evolução das ocorrências.

Figura 1. Evolução do foco das críticas (jan. 2020-jun. 2020).[5]

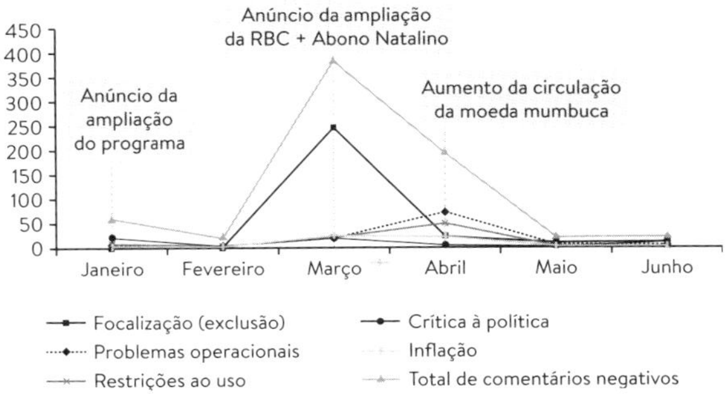

Fonte: Elaborado pelos autores com base em dados coletados com *software* Knewin.

Com a Figura 1, é possível observar que a pandemia e o aumento da insegurança econômica transformaram as críticas contra a ampliação do benefício em janeiro em pedidos por uma maior cobertura a partir de março. Com o passar dos

5. Vale relembrar que, na maioria dos meses, as críticas sobre a Renda Básica representam baixa porcentagem dos comentários totais. Apenas em janeiro esse índice é elevado (45,3%), em fevereiro essa porcentagem cai para 1,7%. Entre março, abril, maio e junho, a proporção se mantém estável em torno de 15%.

meses, e tendo em vista a criação de outras políticas, as críticas à focalização foram reduzidas. Além disso, novas categorias de comentários negativos passam a ser mais frequentes, com reclamações sobre a parte operacional da concessão do benefício — o que pode ser explicado pelo aumento da circulação da moeda no período —, bem como críticas à falta de restrições ao uso do benefício, visto como permissivo quanto à compra de bens considerados supérfluos.

Burocracia em uma política emergencial: o caso do Programa de Amparo ao Trabalhador (PAT)

Devido à pandemia, após o anúncio da antecipação do abono natalino e a ampliação do valor pago na Renda Básica para 300 mumbucas, a Prefeitura formulou o Programa de Amparo ao Trabalhador (PAT). O benefício, criado em caráter emergencial, utilizava dois critérios para selecionar seus beneficiários: a) o critério de renda, com a exigência de comprovação de renda familiar de até R$ 5 mil; e b) um indicador de pobreza, ao destinar o benefício apenas para trabalhadores informais, indicador altamente relacionado à pobreza, considerando a instabilidade nos rendimentos dos informais.

Apesar de importante para selecionar o público desejado, essa focalização, em especial de forma *on-line*, como ocorreu, gerou obstáculos para os beneficiários durante o procedimento de inscrição. Ao longo do período analisado, das 190 críticas sobre o PAT (74,7% do total), as pessoas queixavam-se de problemas com a burocracia no acesso ao programa. Ou seja, críticas às dificuldades no processo de cadastramento ou no uso do benefício, como ilustra o exemplo a seguir:

> *"Desnecessário as pessoas levaram dias e noites para faser o cadastro pra isso perderam a credibilidade de ação fisesem então por esse caminho estou com pena das pessoas que esperam por esse auxílio que nem até o Natal vai sair LAMENTÁVEL".*

A miríade de critérios e obstáculos para se cadastrar no benefício pode restringir a cobertura do programa, porque muitas pessoas podem se sentir desestimuladas a tentar. As principais categorias de críticas relacionadas ao Programa de Amparo ao Trabalhador durante o período analisado foram: problemas com a burocracia, erros de exclusão e erros de inclusão decorrentes da focalização, problemas operacionais, críticas ao desenho da política e acusações de o benefício abrir espaço para situações clientelistas ou estigmatizantes. A Renda Básica de Cidadania (RBC) e o Programa de Amparo ao Trabalhador (PAT) são políticas com regras, abrangências e objetivos diferentes, por isso as categorias de comentários negativos mais frequentes para as duas políticas mudam. No caso da RBC, poucas eram as críticas sobre a burocracia da política, ao contrário do PAT. Por outro lado, as críticas sobre a falta de restrição ao uso do benefício restringem-se apenas ao primeiro programa. Essas diferenças possibilitam avaliar mais limitações de programas de transferências de renda que surgem conforme o desenho da política muda. A Figura 2 permite visualizar as principais categorias de comentários relacionados ao PAT durante o período analisado.

Figura 2. Categorias temáticas dos comentários negativos do Programa de Amparo ao Trabalhador (mar. 2020-jun. 2020).

Fonte: Elaborado pelos autores com base em dados coletados pelo *software* Knewin.

A necessidade de uma proteção social mais abrangente

Este capítulo procurou analisar o padrão de comentários relacionados às políticas de Renda Básica de Cidadania e Programa de Amparo ao Trabalhador. Foram utilizados os comentários negativos, selecionados por análise de valência, para fornecer material qualitativo adequado para relacionar os dados com a literatura sobre políticas de transferência de renda. Os programas receberam duas principais categorias de reclamações: a focalização da Renda Básica de Cidadania (RBC) e dificuldades com a burocracia do Programa de Amparo ao Trabalhador (PAT).

Para a Renda Básica de Cidadania, observamos uma mudança no padrão de comentários entre janeiro e março de 2020, em consequência da pandemia, e a adoção de políticas emergenciais. O aumento da insegurança econômica resultou em maior demanda por proteção social, resultando em críticas à cobertura do benefício, a qual passou a ser considerada insuficiente. Os comentários evidenciam um problema de políticas focalizadas: o ressentimento gerado devido à exclusão de alguns grupos do programa, além de demonstrar a demanda por uma cobertura maior da política.

As críticas relacionadas ao Programa de Amparo ao Trabalhador, criado em março de 2020, relacionam-se à burocracia. Por ter sido implementado em caráter emergencial, com muitas regras e cadastro *on-line*, a política trouxe dúvidas e dificuldades no momento de inscrição. A situação ilustra a dificuldade de criar um programa de transferência de renda em curto prazo, resultando em dilemas em relação aos critérios de elegibilidade e em desafios ao comunicar a política ao público-alvo.

Considerando a natureza dos comentários, ambos os problemas poderiam ter sido evitados com uma proteção social mais abrangente. Embora os comentários não peçam isso diretamente, uma eventual progressão do formato atual da RBC e do PAT para um programa de transferência amplo e permanente poderia ter poupado a prefeitura de algumas das críticas. O programa poderia cobrir a maior parte da população, com menores desafios para cadastramento emergencial, evitando problemas com a burocracia, reduzindo a dificuldade de comunicação de critérios de elegibilidade e minimizando os erros de exclusão e inclusão.

A Prefeitura de Maricá teve atuação rápida e eficiente na crise de saúde pública, em especial no que tange à ampliação da Renda Básica. Através desse benefício, os beneficiários foram prontamente atendidos com a ampliação do valor. Contudo, tanto a necessidade da criação como as dificuldades encontradas com o cadastramento do

Programa de Amparo ao Trabalhador evidenciam o risco de vulnerabilidade de parte da população descoberta pela rede de proteção social do município, restrita ao público-alvo do Cadastro Único que morava havia três anos ou mais em Maricá e se tornou dependente dos programas emergenciais. A análise da opinião pública no capítulo abre espaço para repensar e expandir a abrangência da rede de proteção social de Maricá.

Referências

BARR, N. *Economics of the welfare state*. Oxford: Oxford University Press, 2020.

CÂMARA MUNICIPAL DE MARICÁ. *Vereadores votam alterações na lei que cria o Programa de Amparo ao Trabalhador*. Maricá, 31 mar. 2020. Disponível em: https://marica.rj.leg.br/noticia/vereadores-votam-alteracoes-na-lei-que-cria-o-programa-de-amparo-ao-trabalhador. Acesso em: 10 nov. 2021.

CERON, A.; NEGRI, F. Public policies go social using sentiment analysis to support the action of policy-makers across the policy cycle. INTERNATIONAL CONFERENCE ON PUBLIC POLICY, 2., 2015, Milan. *Proceedings* [...]. Milan, 2015. Working paper.

CHEN, Y.; SILVA, E.; REIS, J. Measuring policy debate in a regrowing city by sentiment analysis using online media data: a case of study of Leipzig 2030. *Regional Science Policy & Practice*, 8 maio 2020. 18 p.

EIRÓ, F.; KOSTER, M. Facing bureaucratic uncertainty in the Bolsa Família Program Clientelism beyond reciprocity and economic rationality. *Focaal*: Journal of Global and Historical Anthropology, Amsterdam, n. 85, p. 84-96, 2019.

FERREIRA, L. T. *et al*. Renda básica: por um mecanismo robusto de proteção social. *Nexo Jornal*, 22 dez. 2020. Disponível em: https://www.nexojornal.com.br/ensaio/debate/2020/Renda-b%C3%A1sica-por-um-mecanismo-robusto-de-prote%C3%A7%C3%A3o-social. Acesso em: 27 jan. 2022.

FREITAS, F. J. G.; COSTA, R. M. O que Maricá tem a ensinar para o Governo Federal. *Nexo Jornal*, 27 out. 2020. Disponível em: https://www.nexojornal.com.br/ensaio/debate/2020/O-que-Maric%C3%A1-tem-a-ensinar-para-o-governo-federal. Acesso em: 27 jan. 2022.

KATZ, P.; FERREIRA, L. What a solidarity economy looks like. *Boston Review*, 9 abr. 2020. Disponível em: https://bostonreview.net/articles/paul-katz-leandro-ferreria-brazil-basic-income-marica/. Acesso em: 27 jan. 2022.

KATZ, P.; NUNEZ, S.; WALTENBERG, F. Renda Básica da Cidadania: what lessons could Latin America's largest basic income program bring to research on Universal Basic Income? *Global Americans*, 12 dez. 2019. Disponível em: https://theglobalamericans.org/2019/12/renda-basica-da-cidadania-what-lessons-could-latin-americas-largest-basic-income-program-bring-to-research-on-universal-basic-income/. Acesso em: 27 jan. 2022.

MOURA, L. de A.; FERREIRA, A. M. S.; ALVES, I. M. M. Implications of the covi-19 pandemic on the aggravation of food insecurity in Brazil. *Research, Society and Development*,

v. 10, n. 12, p. e30101220150, 2021. DOI: 10.33448/rsd-v10i12.20150. Disponível em: https://rsdjournal.org/index.php/rsd/article/view/20150. Acesso em: 3 nov. 2021.

OLIVEIRA, D. J. S.; BERMEJO, P. H. S.; SANTOS, P. A. dos. Can social media reveal the preferences of voters? A comparison between sentiment analysis and traditional opinion polls. *Journal of Information Technology & Polices*, 2016. 13 p.

OSIMO, D.; MUREDDU, F. Research challenge on opinion mining and sentiment analysis. *Université Paris-Sud, Laboratoire LIMSI-CNRS*, Bâtiment, v. 508, 2012.

PEREIRA, A. *et al*. As políticas públicas de economia solidária no município de Maricá/RJ. *Boletim IPEA, Mercado de Trabalho*: Conjuntura e Análise, Brasília, v. 70, p. 171-182, 2020.

SILVA, J. L. *et al*. Políticas socioeconômicas de reação à crise da covid-19 no município de Maricá, Rio de Janeiro. *Boletim IPEA, Mercado de Trabalho*: Conjuntura e Análise, Brasília, v. 69, p. 1-11, 2020.

VAN PARIJS, P.; VANDERBORGHT, Y. *Basic income*: a radical proposal for a free society and a sane economy. Londres: Harvard University Press, 2017. 395 p.

WALTENBERG, F. Alcances e limites das ações de combate à pobreza da prefeitura de Maricá em resposta à crise da covid-19. *In*: INSTITUTO MUNICIPAL DE INFORMAÇÃO E PESQUISA DARCY RIBEIRO (IDR) (org.). *Estudos maricaenses*: o município de Maricá em debate. Maricá: Editora Instituto Darcy Ribeiro, 2021. p. 69-89.

WALTENBERG, F. *et al*. Monnaie sociale, revenu de base renforcé et prestations d'urgence aux travailleurs: analyse préliminaire des politiques innovatrices mises en place à Maricá au Brésil pendant la crise de la covid-19. *In*: BOUDARBAT, Brahim; GUERMAZI, Houda Hakim; NDIAYE, Mohamed Ben Omar (org.). *Les pays francophones face à la covid-19*: impacts socioéconomiques, politiques de riposte et stratégies de sortie de crise et de résilience économique. Montreal: Observatoire de la Francophonie Economique — Université de Montréal, 2021. v. 1, p. 136-154.

PARTE III

Quais são os impactos econômicos e políticos das políticas de economia solidária?

5

Impacto das políticas de Maricá sobre o mercado de trabalho entre 2013 e 2019

João Paulo D. Lima
Valéria Pero

Introdução

Criado em 2013 com o propósito inicial de combater a pobreza e a desigualdade, e como parte do conjunto de políticas de Economia Solidária, o programa de transferência de renda do município de Maricá também tinha o objetivo de estimular e desenvolver a economia local, algo que parece ter se concretizado ao observar os números recentes do mercado de trabalho na cidade. Maricá foi o município fluminense que mais criou empregos formais desde 2017. A informação é do Cadastro Geral de Empregados e Desempregados (Caged), divulgado pelo Governo Federal. De janeiro de 2017 a novembro de 2020, foram criados 6.592 novos empregos formais na cidade, representando um aumento de 52,5%.

O resultado é relevante, tanto no cenário brasileiro quanto no cenário mundial. De acordo com o ILO (2015), o mundo precisa criar 600 milhões de novos empregos até 2030, a maioria deles em países como o Brasil. Essa necessidade é impulsionada por vários fatores: restabelecer os níveis de emprego pré-crise, criar empregos para os jovens, promover o emprego das mulheres, garantir que grupos em situação de precariedade temporária ou permanente encontrem empregos adequados, entre outros. Além disso, a dificuldade de encontrar emprego no setor formal é comum em países em desenvolvimento, onde as empresas informais empregam grande parte da força de trabalho e fornecem meios de subsistência para os mais pobres (Banerjee; Duflo, 2007; Gollin, 2008).

Assim, é importante entender os mecanismos que tornam possível que transferências de renda afetem o mercado de trabalho. Embora grande parte do discurso em torno dos programas de transferência de renda esteja centrada na possível redução da oferta de trabalho, a teoria econômica é ambígua. Por um lado, as transferências de dinheiro podem criar desincentivos ao trabalho por duas razões principais. Primeiro, um efeito renda pode levar os beneficiários a trabalhar menos se o lazer for um bem normal. Em segundo lugar, as transferências monetárias podem reduzir a oferta de mão de obra se os beneficiários temerem perder o benefício trabalhando mais ou assumindo funções mais bem pagas (Banerjee *et al.*, 2017).

Por outro lado, existem vários mecanismos pelos quais as transferências de renda podem aumentar a oferta de trabalho. Primeiramente, dar dinheiro às pessoas pode ajudar as famílias, desbloqueando restrições de liquidez, permitindo que elas tenham um padrão de vida suficiente para procurar um emprego. Em segundo lugar, uma injeção de dinheiro poderia aliviar as restrições de crédito para iniciar ou expandir um negócio. Finalmente, o dinheiro adicional pode ter efeitos indiretos em regiões pobres, fornecendo renda que pode gerar aumentos nas vendas para empresas locais, ou seja, um efeito multiplicador (Sacks, 2002). Na prática, esses efeitos podem coexistir (Egger *et al.*, 2022; Angelucci; Giorgi, 2009; Banerjee; Niehaus; Suri, 2019).

Além disso, a transferência de renda em moeda emitida pelo Banco Mumbuca em Maricá tem paridade com o real e só pode ser usada localmente. Tal fato impede que existam transbordamentos diretos do programa para cidades vizinhas. Como as transferências de renda podem ter um efeito multiplicador relacionado ao seu impacto regenerativo no desenvolvimento econômico local, a questão é se existem mecanismos que possam ajudar a aumentar seu impacto local de compra. No nível mais básico, comprar localmente mantém mais dinheiro na comunidade. Os gastos locais vinculam as transferências de dinheiro ao desenvolvimento econômico das comunidades locais e pressupõem que os investimentos privados ou públicos são atraídos, e esse dinheiro fica na economia local (Thatcher; Sharp, 2008; Belmonte *et al.*, 2021).

A hipótese é de que o programa de Renda Básica de Cidadania de Maricá teria sido importante para a geração de empregos, a partir do entendimento de que a transferência incondicional de renda resulta em aumentos de consumo que estimulam a demanda por trabalho e podem mitigar potenciais reduções no emprego (Angelucci; Giorgi, 2009; Egger *et al.*, 2022). A infusão de renda e consumo realizada pelo programa teria efeitos de transbordamento para os demais moradores da cidade, o que poderia se traduzir em mais empregos. Entretanto, verificar simplesmente o aumento do emprego formal após a implementação do programa não é suficiente para afirmar que o programa tenha sido responsável por gerar mais empregos no município. A ideia, então, é confrontar a evolução do emprego formal em Maricá após a introdução da Renda Básica de Cidadania a um conjunto de municípios comparáveis, onde as políticas de transferência de renda que não foram implementadas constituirão um controle sintético.

Mercado de trabalho em expansão

O emprego formal em Maricá cresceu mais que em nenhum outro município fluminense, mas em que setores foram criados esses empregos? A Tabela 1 mostra a evolução do número de trabalhadores com carteira assinada por setor (CNAE[1]).

A hipótese de efeitos positivos das transferências de renda sobre os mercados formais de trabalho parece se sustentar no contexto dos programas da Economia Solidária de Maricá. O

1. A Classificação Nacional de Atividades Econômicas (CNAE) é a classificação adotada oficialmente pelos órgãos federais que administram registros administrativos.

efeito teria ocorrido por meio de uma resposta do consumo que leva a um deslocamento para fora da demanda de trabalho, compensando possíveis efeitos negativos sobre a oferta de trabalho dos beneficiários. Nesse mecanismo, os setores relacionados ao consumo de bens de primeira necessidade deveriam ter crescido mais, como seria de se esperar diante de um choque de renda das famílias de baixa renda. Egger *et al.* (2022) documentam grandes efeitos diretos nas famílias que receberam transferências, incluindo aumentos nas despesas de consumo e propriedade de bens duráveis. A Tabela 1 mostra que, após a Administração Pública e a construção civil, os setores de Transporte e Comércio são os maiores geradores de empregos e apresentam uma trajetória de crescimento consistente após a implementação das políticas de transferência de renda.

Os dados também mostram que a construção civil foi um dos principais impulsionadores do aumento do emprego formal privado, mas seu aumento de emprego acontece somente após 2018 e nossas evidências mostram efeitos significativos desde 2014, sugerindo que outros setores podem ter um papel importante. O resultado do emprego no setor da construção pode ser devido aos gastos públicos, mas também pode ser resultado de investimentos privados.

Tabela 1. Emprego por ano, setores CNAE.

Setor	2013	2014	2015	2016	2017	2018	2019	2019 x 2023 (Δ%)*
Administração Pública	4.640	4.955	5.682	2.911	6.785	7.438	7.937	3.297 (34%)
Construção Civil	254	360	517	614	668	732	2.765	2.511 (76%)
Transporte e Armazenagem	1.410	2.196	1.677	1.969	2.020	1.424	2.518	1.108 (16%)
Comércio	4.763	5.370	5.188	4.877	5.041	5.321	5.477	714 (4%)
Atividades Imobiliárias	1.146	1.053	1.093	1.085	1.782	3.142	1.426	280 (16%)
Educação	888	1.005	1.065	981	936	995	1.129	241 (7%)
Hotelaria e Restaurantes	614	625	613	574	605	654	706	92 (4%)
Saúde e Serviços Sociais	208	203	260	267	260	282	289	81 (7%)
Outros	226	225	246	267	234	240	267	41 (2%)
Atividades Financeiras	158	162	159	163	160	152	188	30 (4%)
Agricultura	80	83	75	73	74	71	61	-19 (-5%)
Indústrias Extrativas	88	93	72	81	62	57	67	-21 (-6%)
Indústria de Transformação	1.170	1.250	1.174	1.136	1.116	1.068	1.025	-145 (-2%)

*A taxa média de variação do emprego do período aparece entre parênteses.

Fonte: Elaborado pelos autores com base em dados da RAIS.

Do petróleo ao investimento público

Os mercados de petróleo e gás natural são atividades econômicas importantes para o estado do Rio de Janeiro e para o Brasil. Principal polo produtivo do país, o estado e seus municípios recebem recursos financeiros, em contrapartida, à forma de participação estadual — *royalties* e participação especial[2] (Szapiro *et al.*, 2020).

É inegável que as receitas extraordinárias das reservas petrolíferas *offshore* permitiram à cidade do Rio de Janeiro ter uma visão arrojada do futuro. Mas também é verdade que outros municípios brasileiros que viram novas receitas do petróleo, inclusive no estado do Rio de Janeiro, não conseguiram formular ou implementar um projeto que mudasse o curso típico da extração predatória de recursos e suas externalidades negativas.

A Figura 1 mostra a evolução dos maiores gastos do município de Maricá, discriminados por função. Pode-se observar que a despesa da renda básica não é a principal despesa do município. No

---

2. Os *royalties* são uma compensação financeira devida à União, ao estado e aos municípios beneficiários pelas empresas que extraírem petróleo e gás em território brasileiro: uma remuneração à empresa pelo desenvolvimento desses recursos não renováveis. A contribuição especial é uma compensação financeira extraordinária devida pelas concessionárias pela exploração e pela produção de petróleo ou gás natural para campos com grande volume de produção.

geral, os gastos de Maricá aumentaram significativamente ao longo do período estudado devido ao grande aumento nas receitas de *royalties* do petróleo.

Figura 1. Despesas da Prefeitura de Maricá por função do gasto (R$), 2013-2019.

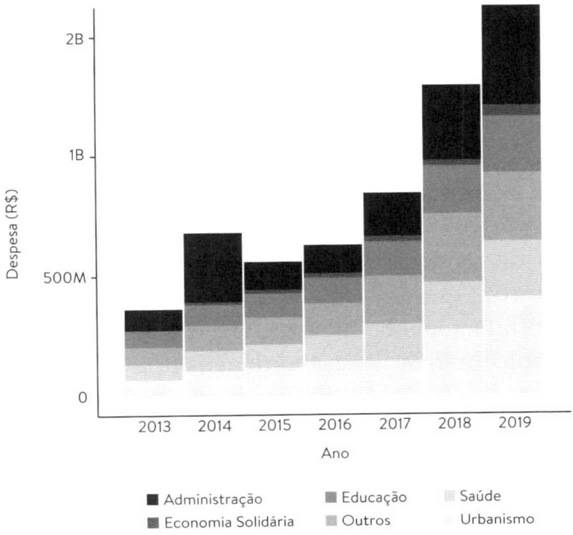

Fonte: Elaborado pelos autores com base em dados do Siconfi.

Outros gastos também aumentaram, o que pode ter afetado o número de empregos formais criados no município. Os gastos com construção têm grande importância relativa e se elevaram significativamente ao longo do tempo, mas esse aumento não coincide com a elevação do número de empregos formais na cidade iniciado em 2014.

Simulando uma Maricá sintética

Utilizamos dados administrativos longitudinais que abrangem o universo de empregos formais (RAIS[3]), bem como banco de dados de finanças públicas municipais, estimativas populacionais e PIB por municípios (Siconfi[4]).

Com esses dados, comparamos a evolução dos resultados do mercado de trabalho em Maricá após a introdução dos programas de transferência de renda a um conjunto de municípios de controle, que deveriam representar os resultados contrafactuais na ausência de transferências de renda. Em relação às abordagens típicas de Diferença em Diferenças (DD), que apresentam várias unidades de tratamento, o desafio é construir um

---

3. A Relação Anual de Informações Sociais (RAIS) é um registro administrativo publicado anualmente, e as informações contidas referem-se ao ano-base anterior. Abrange todo o território nacional e pode ser subdividido em diferentes áreas geográficas: Brasil, regiões, unidades federativas e municípios.

4. O Sistema de Informações Contábeis e Fiscais do Setor Público Brasileiro é utilizado pelos entes da Federação como meio eletrônico de divulgação de relatórios contábeis e fiscais, proporcionando um canal de transparência nas gestões para o acompanhamento da sociedade civil.

contrafactual para uma cidade, o que requer que se adote o método de controle sintético,[5] conforme Abadie, Diamond e Hainmueller (2010) e extensões de Xu (2017).

Empregamos um procedimento baseado em dados que usa uma média ponderada de um grupo de cidades de controle para simular uma Maricá artificial ou 'sintética'. O objetivo da Maricá sintética é reproduzir a trajetória dos níveis de emprego formal em Maricá real na ausência das políticas de economia solidária. Então, após a introdução das políticas, a diferença nas trajetórias entre a Maricá sintética e a real pode ser atribuída ao impacto causal das políticas implementadas. Além disso, podemos dizer com confiança que não foi o aumento no gasto com obras públicas ou das receitas via *royalties* que afetou o emprego, uma vez que a Maricá sintética considera esse tipo de atividade. O que a Maricá sintética não

5. Os métodos de controle sintético envolvem a construção de unidades de controle sintéticas como combinações convexas de várias unidades de controle. Os pesos que definem a unidade de controle sintética são escolhidos de modo que a unidade de controle sintética se aproxime melhor das características relevantes da unidade tratada durante o período de pré-tratamento. Os resultados pós-intervenção para a unidade de controle sintético são, então, usados para estimar os resultados que teriam sido observados para a unidade tratada na ausência da intervenção. Abadie, Diamond e Hainmueller (2010) fornecem uma discussão formal das propriedades teóricas do método de controle sintético.

considera são políticas singulares não vistas em outros municípios, como a Economia Solidária, e é isso que explica a diferença nas trajetórias de emprego.

Para verificar se o impacto observado em Maricá é de fato confiável, Abadie (2021) propõe a realização dos chamados estudos placebos. O princípio básico é aplicar interativamente o método de controle sintético, reatribuindo aleatoriamente a intervenção no tempo (ou seja, datas pré-intervenção) ou entre municípios (ou seja, para unidades de controle onde a intervenção não ocorreu) para produzir um conjunto de efeitos placebos. Posteriormente, podemos comparar o conjunto de efeitos placebos com o efeito estimado para o tempo e município onde a intervenção realmente ocorreu. Essa comparação é informativa sobre a especificidade da magnitude do efeito do tratamento observado para a unidade exposta. Podemos avaliar se o efeito estimado pelo método de controle sintético para a intervenção real é grande em relação ao efeito estimado para uma unidade ou data escolhida aleatoriamente.

Utilizamos também o método de controle sintético generalizado (GSC), em que Xu (2017) combina a abordagem tradicional de controle sintético com um modelo de efeitos fixos interativos de Bai (2009). Isso nos permite estimar os efeitos causais contabilizando fatores que variam no tempo e não foram observados. Esses choques heterogêneos não observados, que não podem ser captados por simples efeitos fixos de unidade e tempo, são modelados por meio de efeitos fixos interativos. Por exemplo, pelo mesmo mecanismo das transferências de renda, a Prefeitura poderia influenciar o consumo aumentando os salários da administração pública. Em segundo lugar, a Prefeitura poderia aumentar seus gastos com obras públicas, de modo que o setor de construção pudesse empregar mais pessoas. Devido à regulamentação de partilha dos *royalties* do petróleo, Maricá recebe um valor desproporcionalmente maior de transferências intergovernamentais que outros municípios da amostra, o que poderia explicar seu desempenho no mercado de trabalho. De fato, os salários dos funcionários públicos e as despesas de capital do município aumentaram, o que exigiu o controle dessas variáveis. Também controlamos o gasto total do governo local, uma vez que todo tipo de despesa poderia ter um efeito multiplicador de alguma forma.[6]

Do Siconfi, coletamos o total de receitas, todas as fontes de receita que o governo local

---

6. Para a análise, utilizamos a definição de emprego formal como a soma de todos os contratos de trabalho ativos em cada município por ano. O emprego formal privado é o emprego formal, com exclusão do setor da administração pública. O salário médio é a média do salário mensal recebido por todos os empregados, e o salário médio público é a média do salário mensal recebido pelos funcionários do setor da administração pública.

recebe em cada ano; despesas totais; despesas de capital, dinheiro gasto para comprar, manter ou melhorar seus ativos fixos, como prédios, veículos, equipamentos ou terrenos; e receitas de transferências, transferências de fundos de um nível de governo para outro, incluindo compensações pelo uso de recursos naturais — *royalties* de petróleo e gás. Todas as variáveis são apresentadas em valores reais e também calculadas em termos *per capita*.

A Tabela 2, no Apêndice, fornece estatísticas resumidas sobre as características da linha de base de Maricá e dos demais municípios da amostra, comparando o período de pré-tratamento com o período de pós-tratamento. Para equilibrar o painel, restringimo-nos aos municípios com pelo menos 20 mil habitantes em 2019. Além disso, a cidade do Rio de Janeiro foi excluída da amostra por ser um *outlier* em termos de população e vários outros aspectos.

A variável de interesse neste estudo é o emprego formal privado, uma vez que o emprego na administração pública pode ser diretamente afetado por decisões do governo local. Para os preditores de pré-tratamento, contamos com um conjunto padrão de variáveis: emprego, salário médio, PIB, população, taxa de desemprego, despesas públicas e receitas públicas. Como covariáveis a serem controladas, selecionamos salário médio no setor público, despesas de capital *per capita*, receita de transferências *per capita* e despesas totais *per capita*.

Resultados

Conforme explicado, a Maricá sintética foi construída como a combinação convexa de municípios do conjunto de doadores que melhor reproduziu os valores dos preditores de emprego formal em Maricá no período pré-política. A Figura 2a mostra a trajetória do emprego formal para a Maricá real e seu contrafactual sintético de 2003 a 2019. O emprego formal na Maricá sintética se assemelha muito à tendência dessa variável para a Maricá real durante todo o período pré-política. Isso confirma que a combinação de municípios no *pool* de doadores pode efetivamente reproduzir as características de Maricá antes da implementação da política.

A estimativa do impacto da política sobre o emprego formal em Maricá é dada pela diferença entre a Maricá real e sua contrapartida sintética após a implementação da política, considerando 2013. A partir dessa data, as duas linhas divergem sensivelmente. A discrepância entre as linhas sugere um grande efeito positivo das transferências de renda da Economia Solidária sobre o emprego formal.

A Figura 2b mostra as diferenças anuais no emprego formal entre a Maricá real e a sintética. A magnitude do impacto estimado da RBC é substancial. No período 2014-2019, o efeito médio do tratamento em Maricá (ATT) foi de 3.209 empregos por ano. O impacto médio anual no emprego formal foi menor nos primeiros anos de tratamento, seguido de um aumento significativo após 2015.

Nossa principal constatação é de que após a implementação dos programas de renda básica, o emprego formal é, em média, 20% superior ao que seria esperado na ausência das transferências de renda. Assim, observou-se um efeito positivo desses programas sobre o número de trabalhadores com carteira assinada no município. Os resultados são robustos quando comparados às intervenções placebos em outros municípios, quando comparadas às intervenções placebos em períodos anteriores e quando são adicionadas covariáveis.

Usando o método GSC sem covariáveis, o ATT foi de 3.364 empregos formais por ano, consistente com a estimativa de controle sintético tradicional. Controlando o efeito dessas covariáveis sobre o emprego formal, estimamos um ATT médio de 2.527 empregos formais por ano e 2.307 empregos formais por ano quando todos os gastos são considerados. Embora apenas os gastos totais sejam estatisticamente significativos, todas as covariáveis têm um efeito de tamanho relevante sobre o emprego formal.

Figura 2. Maricá e estimativas do controle sintético.

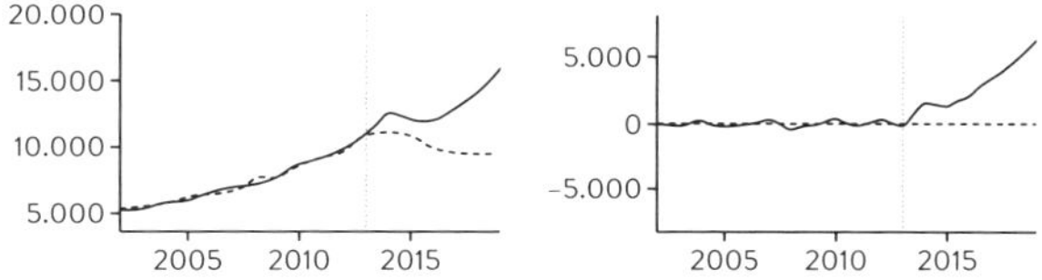

A | Trajetória

B | Diferença

	Efeito médio	p-valor
2014	1.539.6	-
2015	1.300.0	-
2016	2.122.8	-
2017	3.349.6	-
2018	4.608.6	-
2019	6.334.1	-
Todos os anos	3.209.1	0.0196

C | Efeito médio do tratamento

Fonte: Elaborado pelos autores com base em dados da RAIS.

Considerações finais

Utilizando o método de controle sintético, este estudo avaliou o impacto dos programas de transferência de renda implementados pela cidade de Maricá no estado do Rio de Janeiro sobre o emprego formal local. Assim, observou-se um efeito positivo desses programas sobre o número de trabalhadores com carteira assinada em empresas privadas na cidade, de modo que, ao final de 2019, Maricá tinha significativamente mais empregos formais do que teria na ausência dos programas de transferência de renda da Economia Solidária. Preocupações de que programas de transferência de renda, como o que estudamos, poderiam ter consequências adversas no mercado de trabalho não se confirmaram em nossa análise. No entanto, mais investigações empíricas são necessárias para quantificar os impactos de longo prazo das transferências de renda na economia local.

Como ocorreram várias políticas concomitantes em Maricá, é difícil identificar o efeito de apenas uma delas. Este estudo identifica, então, o efeito de um conjunto de programas, o principal dos quais é o de transferência de renda da Economia Solidária. As transferências monetárias implementadas foram várias vezes aprimoradas num curto espaço de tempo até atingirem o formato atual, pelo que o tempo para avaliar os resultados das medidas é curto, sem falar nas quebras estruturais provocadas pela pandemia. Portanto, mais pesquisas são necessárias para avaliar o impacto em longo prazo das medidas implementadas. Embora nossas estimativas se baseiem em um conjunto de dados administrativos de alta qualidade que abrange quase todos os contratos de trabalho formais de empresas registradas, elas não capturam a economia informal. Dada a importância da economia informal em várias economias em desenvolvimento e a possibilidade de que os gastos públicos afetem o tamanho e o crescimento da economia não registrada, nosso estudo apresenta uma limitação.

Referências

ABADIE, A. Using synthetic controls: feasibility, data requirements, and methodological aspects. *Journal of Economic Literature*, v. 59, n. 2, jun. 2021.

ABADIE, A.; DIAMOND, A.; HAINMUELLER, J. Synthetic control methods for comparative case studies: estimating the effect of California's tobacco control program. *Journal of the American Statistical Association*, Taylor & Francis, v. 105, n. 490, p. 493-505, 2010.

ANGELUCCI, M.; GIORGI, G. D. Indirect effects of an aid program: how do cash transfers affect ineligibles' consumption? *American Economic Review*, v. 99, n. 1, p. 486-508, 2009.

BAI, J. Panel data models with interactive fixed effects. *Econometrica*, Wiley Online Library, v. 77, n. 4, p. 1229-1279, 2009.

BANERJEE, A. V.; DUFLO, E. The economic lives of the poor. *Journal of Economic Perspectives*, v. 21, n. 1, p. 141-168, 2007.

BANERJEE, A. V.; NIEHAUS, P.; SURI, T. Universal basic income in the developing world. *Annual Review of Economics*, Annual Reviews, 2019.

BANERJEE, A. V. *et al*. Debunking the stereotype of the lazy welfare recipient: evidence from cash transfer programs. *The World Bank Research Observer*, Oxford University Press, v. 32, n. 2, p. 155-184, 2017.

BELMONTE, S. M. *et al.* Crisis mitigation through cash assistance to increase local consumption levels — a case study of a bimonetary system in Barcelona, Spain. *Journal of Risk and Financial Management*, Multidisciplinary Digital Publishing Institute, v. 14, n. 9, p. 430, 2021.

EGGER, D. *et al*. General equilibrium effects of cash transfers: experimental evidence from Kenya. *Econometrica*: Journal of the Econometric Society, v. 90, n. 6, p. 2603-2643, nov. 2022.

GOLLIN, D. Nobody's business but my own: self-employment and small enterprise in economic development. *Journal of Monetary Economics*, Elsevier, v. 55, n. 2, p. 219-233, 2008.

ILO. The future of work centenary initiative. *In*: INTERNATIONAL LABOUR OFFICE GENEVA. *Report of the Director General to the 104th International Labour Conference*. Geneve, 2015.

SACKS, J. *The money trail: measuring your impact on the local economy using LM3*. London: New Economics Foundation London, 2002. v. 128.

SZAPIRO, M. *et al*. O sistema produtivo e inovativo de petróleo e gás de Maricá: diagnóstico e proposta de desenvolvimento. *RedeSist*, 2020.

THATCHER, J.; SHARP, L. Measuring the local economic impact of national health service procurement in the UK: an evaluation of the cornwall food programme and LM3. *Local Environment*, Taylor & Francis, v. 13, n. 3, p. 253-270, 2008.

XU, Y. Generalized synthetic control method: causal inference with interactive fixed effects models. *Political Analysis*, Cambridge University Press, v. 25, n. 1, p. 57-76, 2017.

Apêndice

Tabela 2. Sumário estatístico – média (desvio-padrão).

Maricá, n = 18 **Outros municípios, n = 1,152**

	Pré-tratamento 2002-2013	Pós-tratamento 2014-2019	Pré-tratamento 2002-2013	Pós-tratamento 2014-2019
Emprego formal	(2,708)	(3,157)	(33,550)	(37,583)
Emprego formal privado	7,472 (1,885)	13,325 (1,481)	19,187 (30,031)	22,788 (33,620)
População	111,464 (20,156)	151,923 (6,819)	141,268 (200,450)	152,326 (209,559)
Média salarial (R$)	1,668 (167)	2,049 (55)	1,899 (453)	2,226 (441)
Média salarial setor público (R$)	1,926 (382)	3,083 (668)	2,152 (768)	2,532 (806)
Despesas totais PC	2,201 (839)	7,258 (3,154)	3,498 (3,039)	4,050 (2,170)
Despesas de capital PC	319 (223)	1,510 (886)	477 (854)	262 (244)
Receitas totais PC	2,200 (804)	8,527 (4,544)	3,721 (3,208)	4,199 (2,298)
Receitas de transferências PC	1,443 (678)	7,268 (4,331)	2,838 (2,617)	3,179 (1,766)
PIB PC (R$)	16,417 (17,316)	89,247 (47,320)	25,010 (35,950)	36,530 (31,704)
Taxa de desemprego (%)	7.8 (0)	7.8 (0)	8.7 (2.2)	8.7 (2.2)

Nota: A tabela apresenta a média das características da linha de base para os municípios da nossa amostra de análise (65 dos 92 municípios do estado do Rio de Janeiro, totalizando 1.170 observações cada). PC: *Per Capita*.

Figura 3. Placebos.

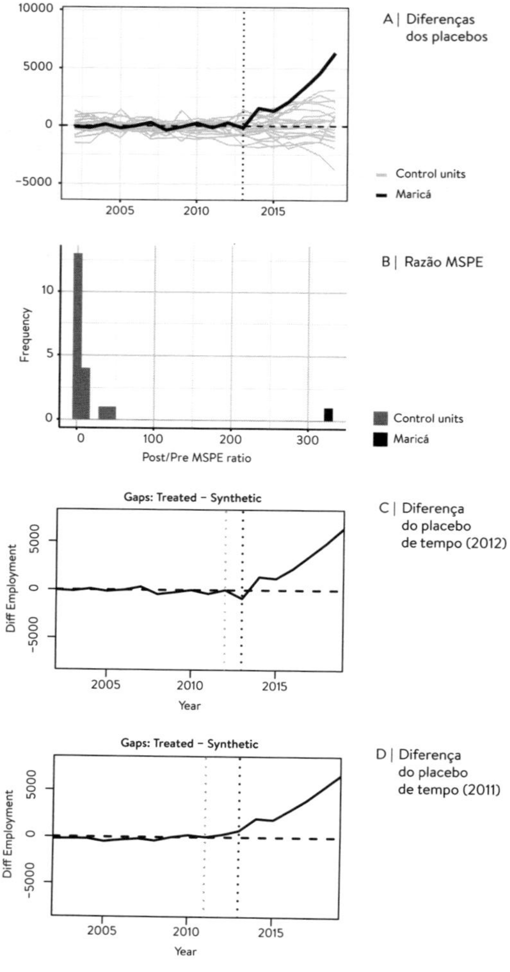

A | Diferenças dos placebos

B | Razão MSPE

C | Diferença do placebo de tempo (2012)

D | Diferença do placebo de tempo (2011)

Tabela 3. Resultados dos modelos.

	Variável dependente: emprego formal privado			
	SC		GSC	
	(1)	(2)	(3)	(4)
Efeito médio do tratamento	3209.109**	3364.394*** (385.833)	2526.979*** (448.815)	2306.994*** (599.365)
Média salarial setor público			0.318 (0.249)	0.289 (0.242)
Despesas de capital PC			0.114 (0.229)	
Receitas de transfer. PC			0.108 (0.184)	
Despesas totais PC				0.2418* (0.141)
Fatores não observados	N/A	2	2	2
Efeitos Fixos Município	N/A	Sim	Sim	Sim
Efeitos Fixos Ano	N/A	Sim	Sim	Sim

Nota: A tabela apresenta as estimativas do efeito médio do tratamento sobre o emprego formal privado. Na coluna (1), é apresentado o modelo de controle sintético. Nas colunas (2), (3) e (4), são apresentadas as estimativas para o método de controle sintético generalizado. O coeficiente das covariáveis indica a correlação com a variável dependente. Erros encadernados são relatados entre parênteses. *p < 0.1; **p < 0.05; ***p < 0.01.

6

Comparecimento eleitoral em Maricá antes e depois da Renda Básica de Cidadania

Victor Araújo

Introdução

No norte e no sul global, nas Américas ou na Ásia, nas democracias consolidadas e naquelas em desenvolvimento, o número de eleitores que comparecem para votar no dia da eleição vem experimentando expressiva queda nas últimas décadas (Kostelka; Blais, 2021). Mesmo nas democracias que adotam voto compulsório, parte do eleitorado prefere se abster de votar.

No Brasil, por exemplo, essa fração corresponde a 20% dos eleitores a cada eleição, em sua maioria, pobres (Cepaluni; Hidalgo, 2016).

A privação de renda pode afetar a participação eleitoral de várias formas. No nível mais básico, a capacidade cognitiva e de processamento de informação dos indivíduos tende a ser reduzida, em virtude das limitações impostas diariamente pela condição de pobreza (*e.g.*, Schaub, 2021). As prioridades de quem enfrenta rotinas extenuantes de trabalho (ou mesmo o desemprego) e longas jornadas de deslocamento de casa para o trabalho tendem a passar ao largo das atividades que exigem algum nível de mobilização e engajamento político (Santana; Aguilar, 2021). Soma-se a isso o fato de que a situação de vulnerabilidade social, por si só, leva ao descrédito da democracia e de suas instituições (Norris, 2012). Para muitos eleitores de baixa renda, votar significaria legitimar um sistema que perpetua desigualdades e que tende a priorizar os interesses dos mais ricos (Taylor-Robinson, 2010).

Pensando nessas questões, alguns teóricos têm defendido a adoção de uma renda básica universal (RBU) como um mecanismo garantidor da participação dos mais pobres na política. Por exemplo, em seu "The democratic case for a basic income", Leticia Morales (2018) argumenta que os benefícios de uma Renda Básica Universal vão muito além de garantir tempo para descanso, lazer e empreendedorismo. Programas dessa natureza também ofertariam aos indivíduos a chance de poder investir tempo e suas capacidades cognitivas em temas e atividades de natureza política, diminuindo, assim, a sub-representação dos mais pobres nas eleições.

A Renda Básica de Cidadania (RBC), implementada em Maricá em 2014 e apresentada nos capítulos 1 e 2 desta coletânea, oferece as condições para analisar se e por quais vias uma renda básica pode estimular a participação dos mais pobres no processo eleitoral. Em termos de cobertura, a RBC não pode ser caracterizada como uma Renda Básica Universal. Na atualidade, cerca de 20% dos moradores de Maricá recebem uma transferência mensal no valor de R$ 200,00. Existem, no entanto, outras características que a aproximam de um benefício universal. Por exemplo, desde 2019, a transferência é paga no nível individual, diferentemente das transferências condicionais de renda (*e.g.*, Bolsa Família), em geral, pagas no nível do domicílio. Além disso, uma vez aceitos no programa, os beneficiários não estão obrigados a cumprir com qualquer condicionalidade para continuar a receber a transferência mensal.

Neste capítulo, são descritos os resultados preliminares do projeto *The Politics of Cash Tranfers (Polcash)*, financiado pelo University Research

Priority Program (URPP), da Universidade de Zurique (UZH), e em desenvolvimento desde março de 2020. As evidências do contexto maricaense sugerem que programas incondicionais de renda, como a RBC, podem ajudar a diminuir a abstenção eleitoral. Mais do que isso, os resultados preliminares aqui descritos sugerem que a RBC vem contribuindo para o aumento do engajamento em diversas atividades pré-eleitorais que ajudam a explicar a redução da abstenção eleitoral em Maricá. Na conclusão deste capítulo, são discutidas as implicações desses resultados encontrados no âmbito do *Polcash*.

Comparecimento eleitoral em Maricá antes e depois da RBC

Como analisar se a RBC afetou a participação eleitoral em Maricá?

Para entender como a RBC afetou a participação nas eleições, foram comparadas as taxas de comparecimento eleitoral em Maricá com as taxas de comparecimento eleitoral nos outros municípios localizados no estado do Rio de Janeiro. Isso foi possível porque, até novembro de 2021,[1]

1. Em novembro de 2021, Niterói anunciou uma moeda social e um programa-piloto de transferência de renda nos mesmos

apenas Maricá tinha um programa de transferência incondicional de renda, tornando factível a comparação desse município com aqueles sem um programa de mesma natureza.[2]

Para tanto, foram utilizados dados do Tribunal Superior Eleitoral (TSE) para calcular a taxa de comparecimento eleitoral em cada uma das seções de votação localizadas no estado do Rio de Janeiro. Nas eleições realizadas entre 1998 e 2020, existiam cerca de 31.650 seções de votação nessa unidade da federação. Desse total, aproximadamente 300 estavam localizadas em Maricá. A taxa de comparecimento eleitoral é dada pelo número de eleitores que efetivamente compareceram para votar sobre o total de eleitores inscritos. Por exemplo, se 100 eleitores estavam registrados para votar em uma dada seção de votação e 80 compareceram para votar, temos, nesse caso, uma taxa de comparecimento de 80%.

---

moldes da RBC, o qual passou a funcionar em larga escala já em janeiro de 2022, beneficiando mais de 30 mil famílias.

2. Em estatística aplicada, esse procedimento de comparação de unidades afetadas e não afetadas por uma dada intervenção, antes e depois de a intervenção ocorrer, recebe o nome de diferenças em diferenças. Neste capítulo, para fins didáticos, apenas a intuição e o resultado visual e descritivo do método serão apresentados e discutidos.

RBC e participação eleitoral nas eleições locais

A Figura 1 (Painel A) informa a média do comparecimento eleitoral para Maricá e para os outros municípios no estado do Rio de Janeiro entre 2000 e 2020. A linha sólida indica a média do comparecimento eleitoral nas seções de votação localizadas em Maricá, enquanto a linha pontilhada representa a média do comparecimento eleitoral nas seções de votação nos demais municípios. De fato, antes da implementação da RBC em Maricá, as duas linhas variaram em paralelo em todo o período. Isso mudou, no entanto, a partir das eleições de 2016, a primeira realizada após a implementação do programa de transferência de renda.

A diferença entre as duas linhas pode ser interpretada como o efeito do programa sobre o comparecimento eleitoral em Maricá. Se a RBC nunca tivesse sido implementada, as duas linhas teriam, provavelmente, continuado a variar juntas até o final do período observado. Ou seja, por efeito da RBC, houve uma maior taxa de comparecimento eleitoral em Maricá nas eleições realizadas após 2014. Na média, a taxa de comparecimento eleitoral nas seções de votação localizadas em Maricá foi dois pontos percentuais maior em 2016 e cinco pontos percentuais em 2020. Substantivamente, isso significa uma redução líquida na taxa de abstenção eleitoral de 17% no período pós-implementação da RBC.

Figura 1. Comparecimento eleitoral em Maricá e nos outros municípios do estado do Rio de Janeiro nas eleições locais (2000-2020) e gerais (1998-2018).

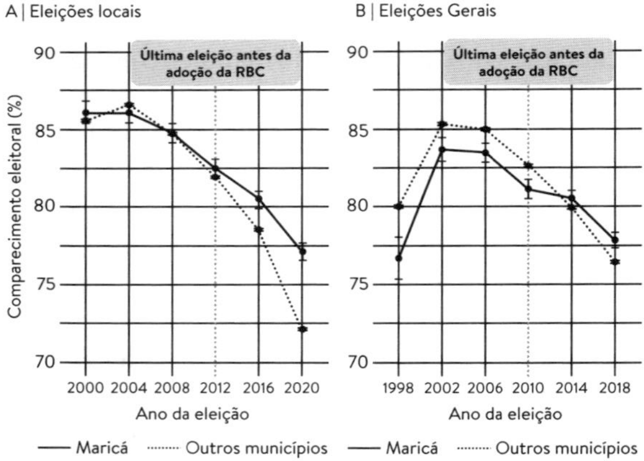

Fonte: Figura elaborada pelo autor com dados do Tribunal Superior Eleitoral (TSE). A unidade de análise utilizada para calcular a taxa de comparecimento eleitoral é a seção de votação. A linha sólida representa a taxa de comparecimento eleitoral em Maricá, enquanto a linha pontilhada informa a taxa de comparecimento eleitoral em todos os outros municípios localizados no estado do Rio de Janeiro. A taxa de comparecimento eleitoral é dada pelo número de eleitores que compareceram para votar sobre o total de eleitores inscritos numa dada seção de votação. Nas eleições locais, os eleitores votam para os cargos de Prefeito e Vereador. Nas eleições gerais, os eleitores votam para os cargos de Presidente, Governador, Senador, Deputado Federal e Estadual.

A RBC estimulou o comparecimento eleitoral em Maricá (na comparação com os outros municípios) mesmo nas eleições locais de 2020, realizadas durante a pandemia causada pela covid-19. De fato, como descrito na Figura 1 (Painel A), o efeito da RBC nessas eleições foi maior do que nas eleições realizadas em 2016. Isso pode ser creditado à mudança na forma de pagamento do programa. Em 2019, o programa passou a ser pago no nível do indivíduo, aumentando, assim, o número de indivíduos beneficiados pelo programa.[3]

RBC e participação eleitoral nas eleições gerais

A Figura 1 (Painel B) compara a trajetória de comparecimento eleitoral em Maricá com os demais municípios do estado do Rio de Janeiro nas eleições gerais realizadas entre 1998 e 2018. A média de comparecimento eleitoral variou em paralelo nos dois grupos até as eleições de 2010. No entanto, houve uma clara mudança após a adoção da RBC em Maricá em 2014. Nas eleições gerais realizadas em outubro de 2014, o comparecimento eleitoral foi maior nas seções de votação localizadas em Maricá do que naquelas situadas em outros municípios. É bem verdade que a diferença entre as duas linhas em 2014 é pequena (e não estatisticamente significante), mas isso se deve, em grande medida, ao pouco tempo de existência do programa[4] naquela oportunidade. Nas eleições de 2018, quando a RBC já era maior em termos de escopo e cobertura, a diferença

3. Entre 2019 e 2020, cerca de 15 mil novos indivíduos passaram a receber a RBC.

4. O programa começou a ser implementado no início de 2014.

entre as duas linhas é clara: na média, o comparecimento eleitoral em Maricá foi um ponto e meio percentual maior na comparação com os outros municípios localizados no mesmo estado. Substantivamente, isso significa uma redução líquida na taxa de abstenção eleitoral de 21%.

Efeito da RBC ou de outras políticas?

A RBC foi implementada em Maricá em um contexto de aumento dos gastos sociais viabilizado a partir das receitas de *royalties* da exploração de gás e petróleo na região do Pré-sal. Além da RBC, a administração local implementou um sistema de transporte público e gratuito, investimentos em saúde, educação e infraestrutura urbana, conforme descrito no capítulo 1 desta coletânea. Como, então, saber se é a RBC ou o conjunto dessas políticas que vêm impactando o comparecimento eleitoral em Maricá?

No âmbito do *Polcash*, essa questão foi tratada de três formas. Em primeiro lugar, foram comparadas as taxas de comparecimento eleitoral dos outros 17 municípios[5] que também recebem

5. Saquarema, Niterói, Rio de Janeiro, Duque de Caxias, Cabo Frio, Macaé, Casimiro de Abreu, Armação dos Búzios, Carapebus, Rio das Ostras, Quissamã, Itaguaí, Paraty, Angra dos Reis, Campos dos Goytacazes, São João da Barra, Arraial do Cabo.

royalties do Pré-sal no Rio de Janeiro com o restante dos municípios localizados no mesmo estado. A ideia por trás dessa comparação é simples: se foram os investimentos viabilizados pelas receitas dos *royalties* (e não a adoção de um programa de transferência de renda incondicional) que induziram a redução da abstenção eleitoral em Maricá, o mesmo deveria ser observado nos outros municípios que também vêm se beneficiando (ainda que em menor escala) da descoberta do Pré-sal ocorrida em 2006. No entanto, não existem evidências nesse sentido. Na comparação com os outros municípios na área do Pré-sal, Maricá foi o único município que experimentou uma redução nas taxas de abstenção eleitoral.

Em segundo lugar, em vez de comparar Maricá com os outros municípios antes e depois da implementação da RBC, uma estratégia alternativa foi utilizada para comparar as taxas de comparecimento eleitoral nas seções de votação localizadas nos bairros/distritos mais pobres[6] (isto é, Bananal, Cordeirinho, Inoã, Manoel Ribeiro e Ponta Negra) com o restante das localidades em Maricá. Nas seções eleitorais situadas nas localidades mais pobres, o número de potenciais beneficiários da RBC deveria ser maior. Portanto, após

6. Foram classificados como pobres os distritos/bairros com renda média familiar inferior a um salário mínimo, de acordo com os dados do Censo de 2010.

a implementação do programa de transferência incondicional de renda, deveríamos observar uma maior queda da abstenção eleitoral justamente nesses locais. Confirmando essa expectativa, os resultados indicam que, antes da implementação da RBC, as taxas de comparecimento eleitoral nos dois grupos andaram em paralelo, mas isso mudou a partir de 2014, quando as localidades mais pobres passaram a registrar taxas de abstenção eleitoral substantiva e estatisticamente menores.

Em terceiro lugar, uma pesquisa de opinião pública inédita foi conduzida em Maricá (entre os dias 23 e 30 de setembro de 2021) para investigar o efeito da RBC sobre diversas formas de participação política-eleitoral.[7] Em geral, o comparecimento eleitoral tende a ser maior entre os indivíduos que se engajam em outras formas de participação política no período pré-eleitoral. Ao todo, foram entrevistados presencialmente 1.532 maricaenses de todas as regiões do munícipio, levando-se em consideração cotas de sexo, idade, renda e cobertura da RBC. Para além das características sociodemográficas (*e.g.*, sexo, idade, renda, escolaridade, cor, religião e situação ocupacional), os respondentes foram convidados a responder a uma bateria de perguntas sobre comportamento político. Posteriormente, foi utilizada uma técnica

7. Pesquisa aprovada (número 21.9.3) pelo conselho de ética da Universidade de Zurique em setembro de 2021.

de pareamento[8] que permitiu comparar os beneficiários da RBC com indivíduos com características similares, mas que não eram beneficiários (e não tinham sido antes) da RBC no momento da aplicação do questionário.

A Figura 2 indica a chance de um beneficiário da RBC realizar cada uma das atividades político-eleitorais (abstenção, votação, participação, petição, reunião e reclamação), mantidas outras características de nível individual — isto é, sexo, idade, estado civil, raça, religião, escolaridade e renda — constantes. Em primeiro lugar, corroborando as evidências de nível agregado, as estimativas revelam que os beneficiários da RBC se abstiveram menos nas eleições locais de 2020 (abstenção).[9] Além disso, aqueles que decidiram participar das eleições foram mais propensos a votar no candidato do Partido dos Trabalhadores

8. O pareamento dos dados foi realizado utilizando o *Entropy Balancing Matching* proposto por Hainmueller (2012).

9. A pergunta original respondida pelos participantes da pesquisa em Maricá foi a seguinte: Em qual dos candidatos a prefeito você votou nas últimas eleições municipais realizadas em 2020: Fabiano Horta (PT); Ciro Fontoura (Republicanos); Cesar Augusto (PMN); Chiquinho (PSDB); Votei em branco ou nulo; Não votei; Não lembro? A variável "Abstenção" assume o valor 1 caso o respondente tenha declarado "Não votei", e zero caso alguma das outras opções tenha sido escolhida. A opção "Não lembro" foi categorizada como *missing values* no banco de dados.

(PT) (votação),[10] o partido responsável pela criação da RBC em 2014. De forma complementar, os dados sugerem que os beneficiários da RBC participaram mais do pleito em 2020 fazendo campanha para políticos e candidatos locais (participação).[11]

A Figura 2 também indica o resultado da comparação entre beneficiários e não beneficiários da RBC no que se refere às formas de participação pré-eleitorais. Por exemplo, nos dois anos que antecederam a aplicação do questionário em Maricá, os beneficiários da RBC foram mais propensos a assinar uma petição para apoiar causas políticas e/ou sociais (petição).[12] Da mesma forma, os

---

10. A pergunta original respondida pelos participantes da pesquisa em Maricá foi a seguinte: Em qual dos candidatos a prefeito você votou nas últimas eleições municipais realizadas em 2020: Fabiano Horta (PT); Ciro Fontoura (Republicanos); Cesar Augusto (PMN); Chiquinho (PSDB); Votei em branco ou nulo; Não votei; Não lembro. A variável "Votação" assume o valor 1 caso o respondente tenha declarado "Fabiano Horta (PT), e zero caso alguma das outras opções tenha sido escolhida. As opções "Não lembro" e "Não votei" foram categorizadas como *missing values* no banco de dados.

11. A pergunta original respondida pelos participantes da pesquisa em Maricá foi a seguinte: Nas últimas eleições municipais ocorridas em 2020, você fez campanha para algum candidato? A variável "Participação" assume o valor 1, caso o respondente tenha declarado sim, e 0 caso contrário.

12. A pergunta original respondida pelos participantes da pesquisa em Maricá foi a seguinte: Nos últimos dois anos (2019-2021), você assinou uma petição? A variável "Petição" assume o valor 1, caso o respondente tenha declarado sim, e 0 caso contrário.

Figura 2. Participação político-eleitoral em Maricá: beneficiários *versus* não beneficiários da Renda Básica de Cidadania (RBC).

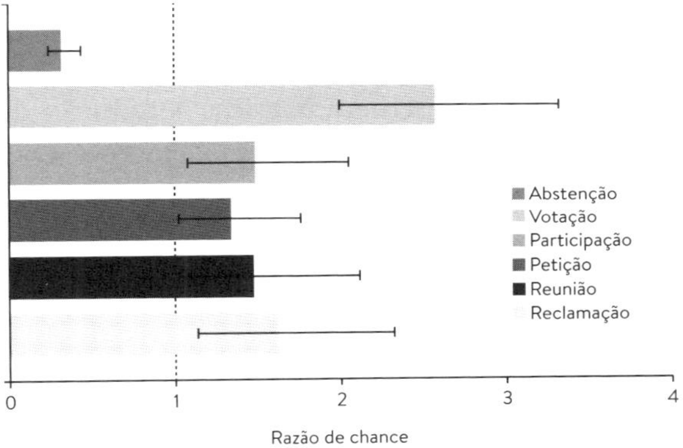

Nota: A unidade de análise é o indivíduo (N = 1,384; *survey* conduzido presencialmente em Maricá em setembro de 2021). As estimativas foram geradas pelo autor a partir de modelos multivariados de regressão logística após a aplicação do *Entropy Balancing Matching*, procedimento de pareamento para dados observáveis desenvolvido por Hainmueller (2012). O eixo horizontal da figura informa a chance de ocorrência de cada uma das formas de participação política apresentadas na Figura 2. Coeficientes abaixo de 1 (linha vertical pontilhada) indicam a redução da chance de ocorrência do evento, como no caso da variável "Abstenção". Nesse caso, o resultado indica que, entre os beneficiários da RBC, houve uma redução de 0,33 na chance de se abster nas eleições locais de 2020. Coeficientes acima de 1 (linha vertical pontilhada) informam o aumento da chance de ocorrência do evento. Por exemplo, no caso da variável "Votação", a figura informa uma razão de chance de 2,6, significando que a chance de um beneficiário da RBC ter votado no PT nas eleições locais de 2020 foi cerca de duas vezes e meia maior na comparação com os respondentes não beneficiários com características similares.

dados sugerem que os beneficiários da RBC se mostraram mais propensos a frequentar reuniões de partidos políticos (reunião),[13] bem como a pro-

---

13. A pergunta original respondida pelos participantes da pesquisa em Maricá foi a seguinte: Nos últimos dois anos

curar autoridades locais para fazer reclamações ou dar sugestões (reclamação).[14]

Em conjunto, as evidências disponíveis sugerem que a implementação da RBC modificou o panorama político em Maricá. A redução da abstenção eleitoral parece ser apenas uma consequência mais visível de um processo mais geral de engajamento eleitoral e politização, facilitado pela introdução de um programa de transferência de renda incondicional.

Voto econômico e o efeito da RBC sobre a abstenção eleitoral

Uma pergunta relevante é quanto do efeito da RBC sobre o comparecimento eleitoral pode ser explicado pelo voto econômico. Na literatura de Ciência Política, voto econômico costuma ser definido como uma decisão estratégica dos eleitores para premiar (ou punir) nas urnas os partidos políticos por apoiar (ou se opor) políticas com

---

(2019-2021), você participou de alguma reunião de partidos políticos? A variável "Reunião" assume o valor 1, caso o respondente tenha declarado sim, e 0 caso contrário.

14. A pergunta original respondida pelos participantes da pesquisa em Maricá foi a seguinte: Nos últimos dois anos (2019-2021), você entrou em contato com algum político para fazer uma reclamação ou dar sugestão? A variável "Reclamação" assume o valor 1, caso o respondente tenha declarado sim, e 0 caso contrário.

impactos diretos sobre a renda (Silva; Whitten, 2017). No caso de Maricá, seria esperado que o PT tivesse sido retribuído com votos pelos beneficiários da RBC. A Figura 3 (Painel A) sugere que esse partido, de fato, vem conseguindo ampliar o tamanho da sua base eleitoral desde 2014. Nas eleições locais de 2020, o candidato do PT, Fabiano Horta, angariou quase 90% dos votos válidos, resultado que consolidou o crescimento eleitoral do partido iniciado em 2016. Todavia, o mesmo não ocorreu nas eleições presidenciais. Nesse caso, como descrito na Figura 3 (Painel B), os candidatos petistas à Presidência da República jamais obtiveram maioria dos votos válidos em Maricá. Importante notar que a adoção da RBC não ajudou a melhorar o desempenho do partido nesse município. Nas eleições disputadas em 2014 e 2018, o PT obteve menos de 25% dos votos válidos em Maricá.

Esse resultado sugere, em primeiro lugar, que os eleitores de Maricá conseguem identificar a RBC como sendo uma realização da administração local. Consequentemente, os candidatos do PT nas eleições presidenciais não conseguiram se beneficiar da melhoria na qualidade de vida promovida pela RBC. Podemos também inferir que o voto econômico não explica todo o efeito da RBC sobre o comparecimento eleitoral em Maricá. Mesmo nas eleições presidenciais, quando os políticos responsáveis pela criação da RBC não estavam na disputa e, portanto, não podiam ser premiados nas urnas, o comparecimento eleitoral em Maricá foi maior do que nos outros municípios do estado do Rio de Janeiro (ver Figura 1, painel B).

Figura 3. Desempenho eleitoral dos candidatos do Partido dos Trabalhadores (PT) nas eleições para Prefeito (2000-2020) e Presidente (1998-2018).

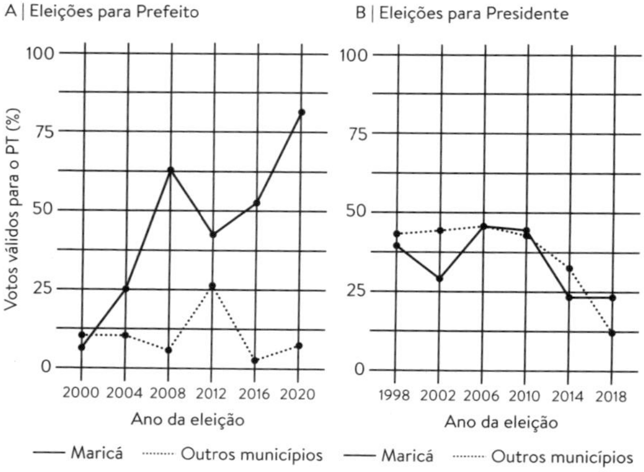

Fonte: Figura elaborada pelo autor com dados do Tribunal Superior Eleitoral (TSE). A unidade de análise utilizada para calcular a proporção de votos válidos para o PT é a seção de votação. A linha sólida representa a proporção de votos válidos para o candidato do PT em Maricá, enquanto a linha pontilhada informa a proporção de votos válidos em todos os outros municípios localizados no estado do Rio de Janeiro.

É plausível, portanto, que a implementação da RBC tenha desencadeado outros mecanismos que estimulam a participação eleitoral. Por exemplo, alguns teóricos sustentam que participar nas eleições é uma questão de hábito e que, portanto, o ato de votar seria endógeno (*e.g.*, Dinas, 2012). Em bom português, isso significa que votar pela primeira vez tende a assegurar a participação desses mesmos indivíduos durante vários ciclos eleitorais. Os dados existentes sugerem que, mais do que mobilizar novos eleitores, a RBC diminuiu a abstenção em Maricá ao garantir que aqueles já engajados no processo eleitoral permanecessem votando em eleições consecutivas (ver Figura 1). De todo modo, parece pouco provável que o efeito da RBC sobre o comparecimento eleitoral seja explicado apenas pelo voto econômico. A evidência de que a abstenção eleitoral em Maricá foi também menor nas eleições gerais, quando os responsáveis pela criação do programa não podiam ser recompensados nas urnas, vai ao encontro dessa interpretação.

Conclusão

Embora em muitos casos a transição para a democracia tenha significado controle da inflação e de ciclos duradouros de crescimento econômico (Acemoglu *et al.*, 2019), a riqueza acumulada em regimes democráticos tem sido desproporcionalmente apropriada pelas elites políticas e econômicas (Timmons, 2010). Entre os anos 1960 e 1990, praticamente todos os países da América Latina transicionaram de ditaduras ou autocracias competitivas para democracias. No entanto, passadas algumas décadas desse movimento que ficou conhecido como terceira onda de democracia (Hagopian; Mainwaring, 2005), essa mesma região se consolidou como aquela com os maiores níveis de concentração de renda no mundo (Alvaredo, 2018).

Tal concentração de renda se revela, em outros aspectos, no sentimento de apatia e desilusão por parte dos eleitores mais pobres que se sentem excluídos do sistema político e não representados pelos seus governantes (Taylor-Robinson, 2010). Nesse caso, a abstenção eleitoral seria apenas uma expressão desse sentimento. De fato, as evidências para o caso brasileiro revelam que a abstenção eleitoral é desproporcionalmente concentrada entre os mais pobres (Cepaluni; Hidalgo, 2016).

As evidências apresentadas neste capítulo parecem confirmar as expectativas teóricas de que programas de renda básica podem estimular o comparecimento eleitoral. A abstenção eleitoral nas eleições locais caiu substantivamente em Maricá, cerca de 17%, após a implementação do programa em 2014. Tal queda pôde ser observada mesmo (e especialmente) nas eleições de 2020 realizadas em meio à pandemia causada pelo vírus da covid-19. Além disso, o impacto da RBC sobre o comparecimento eleitoral não se restringiu às eleições locais. Também nas eleições gerais, houve uma expressiva queda (21%) da abstenção eleitoral. Estudos futuros poderão confirmar se os resultados observados até agora irão se sustentar no longo prazo.

Outra questão em aberto é o quão generalizáveis são os resultados observados no contexto maricaense. Ou seja, o fato de uma transferência de renda incondicional ter contribuído para a redução da abstenção eleitoral em Maricá significa que o mesmo efeito poderia ser observado em outros municípios, estados ou países? Apenas o acúmulo de evidências permitirá que tal pergunta seja respondida de forma assertiva. No entanto, achados recentes do caso finlandês (Salomo *et al.*, 2022) indicam um efeito bastante similar sobre o comparecimento eleitoral da população afetada pelo *Finnish Basic Income Experiment*, programa-piloto de transferência de renda incondicional operado entre 2017 e 2019. A julgar pelas evidências existentes, programas desse tipo parecem funcionar como um remédio eficiente para tratar a abstenção eleitoral crescente em várias democracias ao redor do mundo.

Referências

ACEMOGLU, D. *et al*. Democracy does cause growth. *Journal of political economy*, v. 127, n. 1, p. 47-100, 2019.

ALVAREDO, F. World inequality report 2018. *In*: ALVAREDO, F. *et al*. (ed.). *World inequality report 2018*. Cambridge: Harvard University Press, 2018.

CEPALUNI, G.; HIDALGO, F. D. Compulsory voting can increase political inequality: evidence from Brazil. *Political Analysis*, v. 24, n. 2, p. 273-280, 2016.

DINAS, E. The formation of voting habits. *Journal of Elections, Public Opinion & Parties*, v. 22, n. 4, p. 431-456, 2012.

HAGOPIAN, F.; MAINWARING, S. P. (ed.). *The third wave of democratization in Latin America*: advances and setbacks. Cambridge: Cambridge University Press, 2005.

HAINMUELLER, J. Entropy balancing for causal effects: a multivariate reweighting method to produce balanced samples in observational studies. *Political analysis*, v. 20, n. 1, p. 25-46, 2012.

HIRVONEN, S.; SCHAFER, J.; TUKIAINEN, J. *The effect of unconditional cash transfers on voting participation*. [*S. l.*: *s. n.*], 2022.

HIRVONEN, S.; SCHAFER, J.; TUKIAINEN, J. Policy Feedback and Civic Engagement: Evidence from the Finnish Basic Income Experiment. *Aboa Centre for Economics Discussion*, n. 155, maio 2023. Disponível em: http://dx.doi.org/10.2139/ssrn.4279717. Acesso em: 9 set. 2023.

KOSTELKA, F.; BLAIS, A. The generational and institutional sources of the global decline in voter turnout. *World Politics*, v. 73, n. 4, p. 629-667, 2021.

MORALES, L. The democratic case for a basic income. *Law, Ethics and Philosophy*, v. 6, p. 120-137, 2018.

NORRIS, P. *Making democratic governance work*: how regimes shape prosperity, welfare, and peace. Cambridge: Cambridge University Press, 2012.

SANTANA, A.; AGUILAR, S. How costly is voting? Explaining individual differences in the costs of voting. *Journal of Elections, Public Opinion and Parties*, v. 31, n. 1, p. 119-139, 2021.

SCHAUB, M. Acute financial hardship and voter turnout: theory and evidence from the sequence of bank working days. *American Political Science Review*, v. 115, n. 4, p. 1258-1274, 2021.

SILVA, T.; WHITTEN, G. D. Clarity of responsibility and vote choice. *In*: ARZHEIMER, K.; EVANS, J.; LEWIS-BECK, M. S. *The Sage handbook of electoral behaviour*. New York: Sage, 2017. p. 80-91.

TAYLOR-ROBINSON, M. M. *Do the poor count? Democratic institutions and accountability in a context of poverty*. Pennsylvania: Penn State Press, 2010.

TIMMONS, J. F. Does democracy reduce economic inequality? *British Journal of Political Science*, v. 40, n. 4, p. 741-757, 2010.

Sobre os(as) autores(as)

ANDREA GAMA | Mestranda em Ciências Econômicas pela Universidade Federal Fluminense (UFF) e bacharel em Economia pela mesma universidade. É pesquisadora no Centro de Estudos sobre Desigualdade e Desenvolvimento (CEDE) e pesquisadora líder de análise quantitativa no projeto de avaliação da Renda Básica de Cidadania de Maricá (RJ). Interessada em microeconomia aplicada e participante, desde 2019, de pesquisas sobre análise de políticas sociais.

DANILO PITARELLO RODRIGUES | Bacharel em Economia e pós-graduado pela Universidade Estadual de Campinas (Unicamp). Mestre em Gestão e Políticas Públicas pela Fundação Getulio Vargas (FGV), de São Paulo. Vinte anos de atuação em instituições do setor público e privado, como Unicamp, BM&FBOVESPA, Prefeitura Municipal de São Paulo e Companhia de Desenvolvimento de Maricá (Codemar).

DENISE NEUMANN | Mestre em Gestão e Políticas Públicas pela Escola de Administração Pública da Fundação Getúlio Vargas (FGV-Eaesp). No trabalho final estudou moedas sociais e o desenvolvimento local em

Maricá (RJ). Jornalista profissional especializada em economia e políticas públicas, com mais de trinta anos de trabalho nas redações dos principais veículos do país, como *Valor* e *Estado de S. Paulo*, onde foi editora e repórter especial. Foi coordenadora do 1º Curso de Jornalismo Econômico do *Valor*.

FÁBIO WALTENBERG | Professor de Economia da Universidade Federal Fluminense (UFF) e pesquisador do Centro de Estudos de Desigualdade e Desenvolvimento (CEDE). É bacharel e mestre em Economia pela Universidade de São Paulo (USP) e doutor em Economia pela Université Catholique de Louvain, Bélgica. Desde 2019, coordena a equipe brasileira envolvida na avaliação do programa de Renda Básica de Cidadania em Maricá (RJ). É coeditor do periódico *Basic Income Studies*.

FERNANDO FREITAS | Doutorando em Economia pela Universidade Federal Fluminense (UFF), mestre em Políticas Públicas, Estratégias e Desenvolvimento pela Universidade Federal do Rio de Janeiro (UFRJ) e bacharel em Economia pela mesma universidade. Pesquisador do Centro de Estudos sobre Desigualdade e Desenvolvimento (CEDE) e conselheiro fiscal na Rede Brasileira de Renda Básica (RBRB). Atualmente é gerente de pesquisa na avaliação da Renda Básica de Cidadania no município de Maricá (RJ). Sua pesquisa se concentra na avaliação de impacto de programas de transferência de renda.

JÉSSICA MALDONADO | Doutoranda em Ciências Econômicas pela Universidade Federal Fluminense

(UFF), mestre e economista pela mesma universidade. É pesquisadora no Centro de Estudos sobre Desigualdade e Desenvolvimento (CEDE) e pesquisadora líder de análise qualitativa no projeto de avaliação da Renda Básica de Cidadania de Maricá (RJ). Desde 2018 participa de pesquisas sobre análise de políticas sociais.

JOÃO PAULO D. LIMA | Doutorando em economia afiliado ao DIAL (Paris-Dauphine). Mestre em Economia pela Universidade Federal do Rio de Janeiro (UFRJ), seus interesses de pesquisa giram em torno de mercados de trabalho, políticas públicas e inferência causal.

LEANDRO FERREIRA | Mestre em Políticas Públicas pela Universidade Federal do ABC (UFABC), bacharel em Gestão de Políticas Públicas pela Universidade de São Paulo (USP). É doutorando pela Unicamp. Pesquisador de programas de transferência de renda em seus aspectos institucionais, formas de difusão e transformações atuais. Pesquisador do Centro de Estudos sobre Desigualdade e Desenvolvimento (CEDE) e presidente da Rede Brasileira de Renda Básica.

PAUL KATZ | Vice-presidente do Jain Family Institute, onde pesquisa renda básica, fundos soberanos e economia solidária. Coordena o trabalho do JFI no Brasil, apoiando o lado quantitativo do estudo de Renda Básica de Maricá (RJ) e liderando as contribuições do JFI para a parte qualitativa da pesquisa. É doutor pela Universidade de Columbia, onde desenvolveu tese sobre dados, redes, tortura e a esquerda sul-americana.

Também tem diplomas interdisciplinares em história e literatura na Universidade de Harvard e em ciências sociais na Universidade Nacional de Luján, na Argentina.

ROBERTA COSTA | Gerente de pesquisa no Jain Family Institute. É doutora em Economia pela Universidade Federal Fluminense (UFF). Seus interesses de pesquisa estão no campo da microeconomia aplicada, com foco na economia da educação.

VALÉRIA PERO | Professora do Instituto de Economia da Universidade Federal do Rio de Janeiro (IE-UFRJ) e pesquisadora do Centro de Estudos sobre Desigualdade e Desenvolvimento (CEDE). Doutora em Economia pelo IE-UFRJ. Tem pesquisas e publicações na área de Economia do Trabalho e Desenvolvimento Socioeconômico em temas ligados à desigualdade, mercado de trabalho e informalidade, mobilidade social e urbana, pobreza e políticas sociais.

VICTOR ARAÚJO | Professor de política comparada na Escola de Economia, Política e Relações Internacionais da Universidade de Reading, no Reino Unido. É PhD em Economia Política e Desenvolvimento pela Universidade de Zurique (UZH), Suíça, doutor e mestre em Ciência Política pela Universidade de São Paulo (USP). Sua tese de doutorado defendida na USP recebeu o Prêmio Capes de teses e uma menção honrosa no prêmio de teses da Associação Nacional de Pós-Graduação em Ciências Sociais (ANPOCS).